Planung und Gestaltung

Planung und Gestaltung

Farben- und Duftvielfalt laden zum Verweilen ein

Der Duftgarten – ein Festplatz der Sinne

Bietet ein Ziergarten an sich schon Farben und Formen in Hülle und Fülle, so setzt der zusätzlich mit wohlriechenden Duftpflanzen angelegte Garten noch das Tüpfelchen aufs i. Mit einer Vielzahl verschiedener Aromen präsentieren sich Blumen, Kräuter, Sträucher und Bäume und kitzeln unseren Geruchssinn wach. Dabei ist Duften nicht die einzige gute Eigenschaft solcher Pflanzen. Mit schönen Blüten in ausgefallenen Formen und leuchtenden Farben sind Duftpflanzen auch optisch eine wahre Augenweide. Lange Zeit galt die Aufmerksamkeit der Blumenzüchter und Gärtner nur noch den Blütenformen und deren Üppigkeit. Je größer und vielfältiger, um so begehrter war die Pflanze. Dies hatte zur Folge, dass Pflanzen hauptsächlich nur noch nach Schönheit und Größe gezüchtet und beurteilt wurden. Doch das gewisse Etwas – der Duft – ging dabei in den Gärten immer mehr verloren.

Düfte und ihre Wirkung

Der Geruchssinn ist einer unserer ursprünglichsten Sinne. Er beeinflusst unsere Stimmung und Gefühle. Er weckt bewusste wie auch unbewusste Erinnerungen in uns, die unterschiedliche Empfindungen – von Freude bis Melancholie – wachrufen können. Manche Düfte erinnern an bestimmte Orte, an die Kindheit, an Erlebnisse und an Gefühle. So kann beispielsweise der Duft von Lavendel an eine romantische Urlaubsreise durch die Provence erinnern und sofort ein wohliges Gefühl in uns auslösen.

Andere Gerüche wirken auf den menschlichen Organismus beruhigend oder anregend, ja sogar heilend. Früher schon machte sich der Mensch Düfte für Heilzwecke zunutze. Und heute gewinnen Aromatherapien erneut eine immer größer werdende Popularität und können auf Heilerfolge verweisen. Auch die verführerische Wirkung bestimmter Düfte wusste der Mensch bald für sich einzusetzen. Bereits in der Antike mischte man die ersten Extrakte zu Parfums zusammen.

Das Locken per Duft schaute sich der Mensch von der Pflanzen- und Tierwelt ab. Denn Pflanzen geben intensive Duftstoffe ab, um Insekten anzulocken, die sie für ihre Bestäubung und somit zur Arterhaltung benötigen. Dies ist ein weiterer Pluspunkt eines Duftgartens. Denn durch die zahlreichen Düfte angelockt, tummeln sich viele Bienen und bunte Schmetterlinge in Ihren Blumenbeeten.

Schmetterlinge fliegen auf Duftstoffe

Dabei geht der Duft nicht immer nur von der Blüte aus. Es gibt Pflanzen, die sowohl über ihre Blätter als auch über ihre Früchte Wohlgerüche verströmen. Duftstoffe sind meist ätherische Öle. Diese werden von den Pflanzen in einem komplizierten Verfahren entwickelt.

Blütendufter

geben ihren Duft über die Blüte ab, wie zum Beispiel Rosen oder Flieder. Typische **Blattdufter** sind Mottenkönig (Weihrauch) und Cassia. Es gibt aber auch Pflanzen, die ihren Duft erst bei Berührung abgeben oder erst dann duften, wenn die Blätter zwischen den Fingern zerrieben werden, wie z. B. einige Kräuter. Manche Pflanzen duften tagsüber und andere nachts. Man spricht hierbei von **Tag-, Abend- und Nachtduftern**. Tagdufter entwickeln ihren intensiven Lockge-

Planung und Gestaltung

Gartenidylle mit Geranien, Fuchsien und weißen, duftenden Levkojen

ruch für Insekten am besten bei warmem, sonnigem Wetter. Abenddufter hingegen benötigen für ihre Bestäubung Insekten, die nachts aktiv sind. Folglich geben sie ihre betörenden Lockstoffe erst abends nach Sonnenuntergang und während der Nacht ab.

Duft ist nicht gleich Duft

Die Pflanzenwelt hält eine Vielzahl von Wohlgerüchen für Sie bereit. Sie reicht von zarten Rosendüften über blumige, exotische und schwere Düfte bis hin zu herben und würzigen Duftnoten aus dem Kräutergarten. Der Geruchssinn ist bei Menschen ganz unterschiedlich ausgeprägt, ebenso das Geruchsempfinden. Es ist sehr individuell. So kann es vorkommen, dass das, was von einer Person als duftend empfunden, von einer anderen Person als weniger wohlriechend abgewertet wird. Und so wird auch der Geruch von Blumen, Sträuchern sowie Kräutern von Mensch zu Mensch unterschiedlich empfunden. In diesem Buch werden einige der wohlriechenden Pflanzen (alle Duftpflanzen unserer Flora würden den Rahmen dieses Buches sprengen) vorgestellt. Darüber entscheiden, welche Blumen Sie in Ihrem Garten duften lassen möchten, müssen letztlich Sie selbst bzw. Ihre Nase.

Der richtige Standort

Natürlich sind ein gesunder Boden und ein optimaler Lichteinfall zwei wichtige Voraussetzungen für ein üppiges Pflanzenwachstum. Wie die meisten Sommerblumen, benötigen auch Duftpflanzen viel Sonnenlicht. Durch genug Wärme und Sonne duften manche Pflanzen intensiver. Deshalb sollten Sie Blumenbeete nach Möglichkeit so anlegen, dass sie sich nicht im Schatten von Gebäuden, Mauern, Hecken und großen Bäumen befinden.

Tipp

Pflanzen Sie Duftpflanzen möglichst windgeschützt an. So bleibt der Duft länger an Ort und Stelle und verflüchtigt sich nicht so schnell im Wind.

Wohlriechende Duftspender sollten Sie in erster Linie so platzieren, dass ihr Aroma auch richtig zur Geltung kommt. Am besten, Sie pflanzen sie dorthin, wo Sie sich am liebsten bzw. am häufigsten aufhalten: Sei es neben oder unter einen Baum, der Ihnen als Schatten spendende Oase zum Erholen dient, oder in ein Blumenbeet vor der Terrasse oder unter einen Balkon (der Duft steigt nach oben) oder in den Gemüsegarten neben einer Sitzbank. Achten Sie bei der Bepflanzung von Terrasse und Balkon jedoch darauf, dass Sie mit der Ansammlung von Duftpflanzen nicht übertreiben. Weniger ist manchmal mehr. Denn wenn Sie zu viele stark riechende Pflanzen nebeneinander platzieren, erreichen Sie gar das Gegenteil: Aus wohlriechenden Düften wird ein Duftcocktail, der dann als unangenehm empfunden wird und Kopfschmerzen verursachen kann. Für Berufstätige, die erst abends in den Genuss ihres Gartens oder ihrer Terrasse kommen, eignen sich besonders Abend- und Nachtdufter. Diese vor einer wärmespeichernden Hauswand oder in einer Terrassennische platziert, versprechen einen entspannenden Feierabend zwischen himmlischen Gerüchen.

Richtiger Standort – üppige Blütenpracht

Jahreszeitliche Planung

Damit Sie sich den ganzen Sommer über an unzähligen Düften, Farben und Formen in Ihrem Garten erfreuen können, bedarf es einer gründlichen Pflanzplanung. Es wäre zu schade, wenn Sie Pflanzen setzen, die alle zur gleichen Zeit blühen und danach eine längere Blühpause in Ihrem Garten eintreten würde.

Wann welche Blume exakt blüht, dafür gibt es keine hundertprozentige Garantie. Denn Blumen richten sich nicht nach Daten im Kalender, sondern nach den gegebenen Wetter- und Klimaverhältnissen. So kann es durchaus vorkommen, dass sich so manche Blütezeit auch einmal nach vorne oder nach hinten verschiebt.

Tipp

Nachtduftende Pflanzen, die Ihnen die Abendstunden versüßen, sind z. B. Engelstrompete, Vanilleblume, Königsblume und Ziertabak.

Planung und Gestaltung

Gemütliche Sitzecke zwischen Duftpflanzen

Frühling, Sommer, Herbst, Winter

Kaum eine Jahreszeit wird so innig herbeigesehnt wie der Frühling. Ist er doch die Jahreszeit, die junges Leben und frische Düfte verspricht. Gerade nach den grauen, farblosen und lichtarmen Wintermonaten ist die menschliche Wahrnehmung für Farben und Düfte besonders intensiv. Doch auch die anderen Jahreszeiten bieten eine Fülle an Düften.

Wenn die Tage wieder länger werden und die ersten warmen Sonnenstrahlen den Frühling ankündigen, spitzen die ersten duftenden, bunten Frühlingsboten aus dem Boden, wie Krokus, Schneeglöckchen, Narzissen, Tulpen und Hyazinthen.

Frühlingsboten:
Hyazinthen, Tulpen, Narzissen

Ein- oder zweimal pflanzen

Sie können Ihr Blumenbeet gemischt mit Frühjahrs-, Sommer- und Herbstblühern so anlegen, dass nach und nach die Blüten aufgehen. Die verwelkten Teile müssen Sie dann immer gleich entfernen. Blumen, die später blühen, bekommen dadurch Licht und Platz, um sich zu entfalten. Eine andere Möglichkeit besteht darin, das Blumenbeet von Anfang an in zwei Blühphasen hintereinander anzulegen. Dies bedeutet jedoch, dass Sie nach dem ersten Flor der Frühjahrsblüher das Beet komplett abräumen müssen und anschließend mit reinen Sommer- und Herbstblühern neu bestücken.

In den Gärtnereien gibt es bereits ab Februar/März die ersten Stiefmütterchen als Setzlinge zu kaufen. Diese sollten Sie nur in Töpfe pflanzen und kältegeschützt aufstellen. Falls die Nächte nochmals frostig werden, können Sie sie bequem und schnell im Haus oder in der Wohnung unterbringen. Auspflanzen sollten Sie Stiefmütterchen erst, wenn kein Nachtfrost mehr zu erwarten ist.

Ab April/Mai zeigen sich die ersten Blattspitzen an Bäumen und Sträuchern. Flieder und Duftschneeball locken mit üppigen Aromawolken die ersten Insekten aus dem Winterschlaf. Wie es der Name schon verrät, blühen meist etwa ab Mai die Maiglöckchen. Nicht umsonst wird der Mai als Wonnemonat bezeichnet. Denn jetzt beginnt es in der Natur in allen Ecken zu sprießen, zu blühen und zu duften.

Nicht nur Blumen, sondern auch Obstbäume hüllen während ihrer Blütezeit den Garten in eine aromatische Duftwolke. Einen

Tipp

Idealerweise sollten Sie zwischen normalen Sommerblumen punktuell Duftpflanzen setzen.

Hier riecht es nach Frühling: Duftschneeball und Flieder

äußerst intensiven Duft verströmen die Blüten des Lindenbaums im Juni/Juli. Auch Rosen und Pelargonien tragen jetzt kräftig zum üppigen Duftpotpourri bei.

Im Juli/August herrscht dann die Hochzeit der Sommerblüher: Schmetterlingsstrauch, Vanilleblume, Duftsteinrich, Königs- und Taglilie, Engelstrompete und viele andere mehr blühen und duften üppig. Einige Sommerblumen erfreuen mit einer extrem langen Blühdauer. Sie tragen bis in den Herbst ihre Blüten zur Schau.

Zwar sind im Herbst weniger und im Winter gar keine blühenden Gartenpflanzen mehr anzutreffen, dafür kommen aber Nadelhölzer mit ihrem frischen Duft besonders zur Geltung. So hüllt z. B. eine immergrüne Scheinzypressenhecke Ihren Garten das ganze Jahr in ein nach Harz duftendes Aroma und schützt zugleich vor unliebsamen Einblicken. Immergrüne Hecken bieten zudem einen Ganzjahresschutz für Vögel und viele andere kleine nützliche Gartentiere.

Gestaltungsideen

Bei der Gestaltung eines Duftgartens sind Ihrer Phantasie keine Grenzen gesetzt. Das Einzige, was Sie im Auge behalten sollten, ist die Tatsache, dass Sie nicht zu viele verschiedene Düfte allzu nah nebeneinander platzieren.

Planung und Gestaltung

Hohe Blüteninsel

Ideal ist eine Mischpflanzung aus einerseits intensiv duftenden und andererseits üppig blühenden, dafür weniger duftenden Blumen. So können Sie sich an einem Garten erfreuen, der den ganzen Sommer über in allen möglichen Farben und Formen blüht und einen wohlriechenden Duft verströmt.
Duftpflanzen gibt es ein- und mehrjährig, in Staudenform, als Sträucher und Bäume, als Zwiebelgewächse oder als Kübelpflanzen. Beachten Sie aber, dass mehrjährige Kübelpflanzen, die nicht winterhart sind, ein Winterquartier benötigen und Sie hierfür einen Platz zur Verfügung haben sollten. Besonders hübsch sieht es aus, wenn Sie mehrere Blumen von einer Sorte in größeren Gruppen zusammenpflanzen. Damit erzielen Sie nicht nur schöne **Blütenteppiche**, sondern auch der Duft wird dadurch intensiver. Idealerweise legen Sie direkt vor Ihrer Terrasse ein Blumenbeet mit Duftblumen an. So haben Sie das verlockende Aroma in unmittelbarer Nähe und einen schönen Ausblick auf die Blütenpracht.
Große Rasenflächen lassen sich durch „blühende Inseln“ auflockern. Wenn der Garten groß genug ist, lässt sich in diese Inseln sogar noch ein kleiner Teich einbauen. Die Blumeninsel können Sie jedes Jahr neu bepflanzen: mit niedrig wachsenden Blumen oder sogar mit Kletterpflanzen. Für Letztere benötigen Sie allerdings eine Kletterhilfe, die Sie aus Metall- oder Holzstäben leicht selbermachen können.

Kletterrosen

Blumeninsel anlegen

Zuerst stechen Sie mit dem Spaten eine runde Fläche im gewünschten Durchmesser aus dem Rasen und füllen das entstandene Loch mit einer Mischung aus Komposterde und Sand zum Anpflanzen wieder auf.

Anstelle eines Zauns können Sie die Gartenabgrenzung nach außen oder zum Nachbarn optisch reizvoll mit einem bunten Blumenbeet gestalten. Je nachdem, ob Sie einen Blickschutz wünschen oder nicht, können Sie zwischen hohen oder niedrigen Pflanzen wählen.

Holzzäune und Gartenabtrennungen sehen begrünt sehr viel reizvoller aus. **Blühende Kletterpflanzen** wie Clematis, Kapuzinerkresse und Geißblatt eignen sich hierfür hervorragend.

Je höher Duftpflanzen stehen, desto besser, denn um so näher sind sie Ihrer Nase. Hochbeete sind hierfür ideal. Sie können Sie aus Holz oder Stein leicht selbst aufbauen. Der weitere Vorteil von Hochbeeten besteht darin, dass Sie sich weder für die Pflege von Blumen noch für die Ernte von Kräutern bücken müssen, sondern bequem im Stehen die gewünschten Teile abschneiden können.

Clematis als Sichtschutz

Staudenphlox setzt farbliche Akzente

Niedrige Blüteninseln lockern die Rasenfläche vorm Haus auf

Duftsteinrich und Vanilleblume

Indianernessel in Rottönen

Wer einen kleineren Garten hat oder den Arbeitsaufwand für ein Hochbeet scheut, baut sich ein einfaches Holzgestell und stellt mit Duftblumen bepflanzte Balkonkästen darauf. Das hat den gleichen Effekt wie ein Hochbeet. In Form von **Hochstämmchen** gezogene Pflanzen bieten ebenfalls den Vorteil, dass die wohlriechenden Blüten etwas höher hängen. Und wenn es vorm Haus gut duftet und schön blüht, fühlen sich Gäste gleich recht herzlich empfangen.

Rittersporn und Rosen

Glockenblume

Düfte, Farben, Formen

Düfte

Wie intensiv eine Pflanze duftet, hängt natürlich auch von der Anzahl der zur gleichen Zeit blühenden Blüten ab. Düfte werden in folgende vier Hauptkategorien eingeteilt:

blumig

Veilchen, Nelke, Rose, Flieder, Jasmin;

würzig

Vanilleblume, Minze, Salbei, Lavendel, Thymian, Mottenkönig;

fruchtig

Zitrone, Orange, Apfel, Erdbeere;

harzig

Fichte, Kiefer, Pinie, Zypresse.

Farben

Duftpflanzen blühen in allen möglichen Farben. In welcher Farbzusammenstellung Sie Ihren Garten oder die Terrasse bepflanzen möchten, bleibt letztlich Ihnen überlassen. Sie können den Garten entweder in verschiedenen Farben bunt durcheinander blühen lassen, farbliche Schwerpunkte setzen oder ein Beet in nur einer Farbausrichtung bepflanzen. Der Trend geht immer mehr zu natürlich gewachsenen Gärten. Symmetrisch angelegte Beete sieht man meist nur noch in öffentlichen Parks oder auf Gartenschauen. Diese traditionelle Beetbepflanzung geht auf historische Schlossparkanlagen zurück. Hübsch sieht es aus, wenn mehrere gleiche Pflanzen in kleinen Grüppchen zusammengepflanzt werden oder bestimmte Pflanzen an verschiedenen Stellen im Garten zu finden sind.

Lavendel

Formen

Sie können ein Beet beispielsweise nur mit niedrig wachsenden Blumen bepflanzen. Das ergibt einen dekorativen Blütenteppich. Oder Sie pflanzen stufig an und wählen Blumen mit verschieden hohem Wuchs. Dabei werden die niedrigsten Blumen im vorderen Bereich des Beets eingesetzt, die höheren Pflanzen stehen im Hintergrund. Es sieht hübsch aus, wenn Sie die Blütenformen abwechselnd anordnen. Pflanzen Sie z. B. neben Blumen mit großen Blüten wie Sonnenhut und Engelstrompete solche mit kleineren Blüten, z. B. Taglilien oder Duftwicken; das lockert das Gesamterscheinungsbild einer Blumenrabatte auf.

Duftende Frühlingsboten

Krokus, Schnee- und Maiglöckchen, Narzissen, Tulpen, Hyazinthen, Traubenhyazinthen, Flieder, Duftschneeball, Zitrusbäumchen, Stiefmütterchen, Blauregen.

Sommerblumen mit Duft

Engelstrompeten, Nelken, Indianernesseln, Pelargonien, Vanilleblumen, Taglilien, verschiedene Jasminsorten, Malven, Lilien, Oleander, Staudenphlox, Rosen, Kapuzinerkresse, Duftsteinrich, Sonnenhut, Schmetterlingsstrauch, Wiesenmargeriten, Ziertabak, Tempelblumen, Duftwicken, Kerzenstrauch.

Blumen, die bis in den Herbst hinein blühen

Pelargonien, Oleander, Staudenphlox, Sonnenhut.

Immergrüne Duftspender

Nadelbäume wie Pinien, Tannen, Fichten, Scheinzypressen sowie Kräuter wie Rosmarin, Thymian, Salbei, Lavendel und Lorbeer, die zum Teil auch würzig-duftende Blüten im Sommer tragen.

Anlage und Vorarbeiten

Anlage und Vorarbeiten

Die wichtigsten Gartengeräte

Für die Anlage eines Duftgartens benötigen Sie keine spezielleren Geräte als die, die Sie für normale Gartenarbeiten benutzen. Die Grundausstattung sollte zumindest aus Spaten, Rechen, Grubber, Pflanzkelle, Gartenschere und Schubkarre bestehen.
Achten Sie bei Gartengeräten darauf, dass die Stiele lang genug sind und zu Ihrer Körpergröße passen. Sie sollten auch gut in der Hand liegen.
Rückenschmerzen und Blasen an den Händen verleiden Ihnen sonst bald den Spaß an der Gartenarbeit.

Mechanische Fräse
Während ein scharfes Pendelmesser die Erde in grobe Schollen bricht und Unkraut an der Wurzel erfasst, zerkrümelt die Sternfräse die Erdklumpen. Nährstoffe können gleichzeitig in den Boden eingearbeitet werden. Das Gerät eignet sich selbst für schwere Böden.

Motorfräse
Wenn Sie oft größere Flächen, die stark bewachsen sind, umgraben müssen, lohnt sich die Anschaffung einer Motorfräse. Sie ist leicht zu handhaben und spart Zeit und Kraft. Sie benötigt allerdings eine regelmäßige Wartung und einen Stellplatz.

Motorfräse

Spaten
Mit dem Spaten können Sie sowohl umgraben als auch Kanten stechen. Achten Sie darauf, dass das Stechblatt an der Auftrittstelle verstärkt ist. Dadurch lässt sich der Spaten leichter treten. Der Stiel sollte mindestens 70 cm lang sein und fest sitzen.

Mechanische Fräse

Grabgabel

Grabgabel
Wenn Sie bei sehr festen Böden mit dem Spaten nicht mehr durchkommen, ist eine Grabgabel sehr hilfreich. Sie wird in den Boden getreten und nach vorne und nach hinten bewegt. Das lockert selbst schwerste Böden. Sie können mit ihr umgraben und sogar ganze Wurzelballen schonend ausheben.

Kreuzhacke

Kreuzhacke
Das Allroundgerät, auch als „Wiedehopf" bekannt, eignet sich zum Ausstechen von Wurzeln ebenso wie zum Lockern von Böden.

Rechen
Zum Formen, Glätten und Festdrücken der Beetoberfläche verwenden Sie am besten stabile Metallrechen. Es gibt sie in verschiedenen Breiten. Achten Sie darauf, dass das Zinkenteil aus einem Stück gefertigt ist und die Zinken nicht angenietet sind. Sie können auch einen Holzrechen benutzen, er ist leichter.

Verstellbesen

Verstellbesen
Um Laub schonend zwischen den Blumenbeeten und vom Rasen zu entfernen, ist ein fächerartiger Besen mit verstellbaren Federzinken sehr praktisch.

Schaufel
Eine große Schaufel ist hilfreich beim Mischen von Erde.

Pflanzkelle
Zum An- und Umpflanzen verwenden Sie am besten eine Pflanzkelle. Mit ihr können Sie

Gartenkralle

Erde bequem ausheben und in die entstandenen Löcher die Pflanzen mit dem Erdballen einsetzen. Die Pflanzkelle eignet sich für Arbeiten in Beeten ebenso wie zum Bepflanzen von Blumenkästen.

Grubber und Kralle
Diese Geräte helfen beim Aufbereiten von Beeten, dienen zum Auflockern und Lüften der Erde. Mit den kleinen Haken erfassen sie sogar Unkrautwurzeln. Die schmale Form ermöglicht ein Arbeiten selbst zwischen eng gepflanzten Blumen, Sträuchern, Kräuterstauden und in Pflanztrögen.

Verstellkultivator

Verstellkultivator
Mit ihm wird die angetrocknete Erdoberfläche aufgerissen. Bei diesem Gerät lassen sich die Zinkenpaare auswechseln. Dadurch wird das Gerät unterschiedlich breit.

Anlage und Vorarbeiten

Bügeljäter

Bügeljäter
Die scharfe Stechkante dringt leicht in den Boden ein und entfernt Unkraut samt Wurzeln.

Gartenhandschuhe
Sie schützen die Hände bei der Gartenarbeit vor Schmutz und kleinen Risswunden.

Anzuchtschale
Kunststoffschalen bieten den Vorteil, dass sie mehrere Male verwendet werden können. Es gibt sie auch mit transparenten Deckeln. Sie lassen sich dann gut als Minitreibhaus auf der Fensterbank verwenden.

Anzuchtschale

Gießkanne
Wählen Sie ein Kanne aus einem möglichst leichten Material, sonst schleppen Sie unnötiges Gewicht herum. Der Spritzaufsatz (Sieb) sollte zum Reinigen abnehmbar sein. Ein großer Henkel erleichtert das Tragen, da sich das Gewicht besser verteilt.

Gartenschlauch
Er erspart das mühevolle Schleppen voller Gießkannen. Gerade in heißen Sommern, wenn viel gegossen werden muss, ist er

Wichtige Gartengeräte

eine große Arbeitserleichterung. Eine Aufsatzdüse ermöglicht das stufenlose Regulieren des Wasserstrahls. Zum bequemen Bewässern größerer Flächen können Sie an den Schlauch einen Kreisregner anbringen. Er schwenkt langsam hin und her. Das gesprühte Wasser ist dem natürlichen Regen am ähnlichsten. Die Pflanzen werden so schonend mit Wasser versorgt. Kaufen Sie lieber einen etwas teureren Qualitätsschlauch, der gegen Sonneneinstrahlung unempfindlich ist und mindestens 25 bar Wasserdruck aushält. Zum bequemen Transportieren und Aufbewahren des Schlauchs gibt es im Fachhandel einen kleinen Handwagen.

Schubkarre
Sie ist eine wichtige Hilfe zum Befördern von schweren Lasten wie Sträuchern, Pflanzballen mit Erdreich etc. Karren mit nur einem Rad sind am wendigsten. Sie eignen sich daher sehr gut für kleine Gärten mit engen Wegen.

Gartenschere
Eine Gartenschere muss gut in der Hand liegen. Achten Sie auf einen ergonomischen Griff. Er erleichtert das Schneiden und lässt die Hand nicht so schnell ermüden. Klingen aus gehärtetem Stahl haben eine lange Lebensdauer. Außerdem können sie nachgeschliffen werden. Eine zusätzliche Beschichtung schützt vor Rost und Pflanzensäften. Eine zuverlässige Verriegelungsvorrichtung sollte selbstverständlich sein.

Gartenschere

Werkzeugpflege

Ordentlich gewartetes Werkzeug macht die Gartenarbeit effektiver. Eine stumpfe Schere quetscht die Pflanze beispielsweise und kann ihr dadurch Schaden zufügen.
Ein verwitterter Holzstiel könnte während der Arbeit abbrechen. Dies ist nicht nur gefährlich, sondern verzögert auch den geplanten Arbeitsablauf. Das alles bleibt Ihnen erspart, wenn Sie Ihre Geräte regelmäßig kontrollieren, säubern, pflegen und vor allem vor Regen geschützt aufbewahren. Kontrollieren Sie regelmäßig den Luftdruck von Schubkarrenreifen und den Allgemeinzustand von Rasenmähern.

Gartengeräte richtig aufbewahren

Werkzeuge einwintern

Zuerst muß jeglicher Schmutz mit Wasser und Bürste beseitigt werden. Flugrost auf Metallteilen wird mit Schleifpapier weggerieben. Sitzt der Rost etwas hartnäckiger, kann er mit einer Bohrmaschine und einem entsprechenden Schleifaufsatz entfernt werden. Alle Metallteile werden nach dem Trocknen eingefettet oder eingeölt. Überprüfen Sie Stiele nach Brüchigkeit und Schneiden nach ihrer Schärfe. Gegebenenfalls Stiele auswechseln und Schneiden schärfen. So können Sie im Frühjahr sofort mit der Gartenarbeit loslegen.
Da Werkzeug im Freien schneller verwittert, sollte es in einem Gartenhäuschen, in der Garage oder in einem trockenen Keller aufbewahrt werden.
Aus motorbetriebenen Geräten

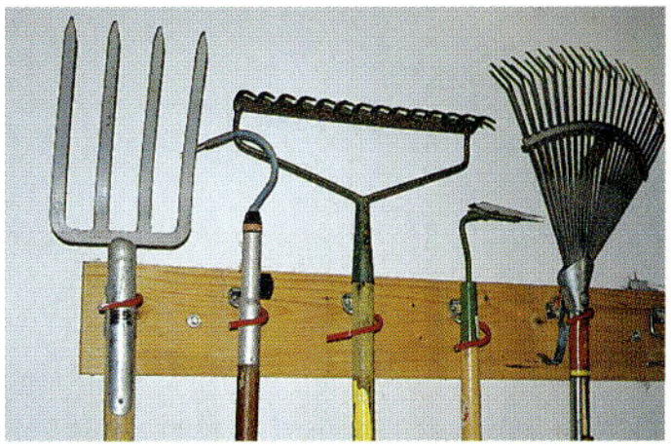

Wandaufhängung für Gartengeräte

wie Rasenmäher oder Fräse sollte das Benzin aus Tank und Vergaser abgelassen werden. Ein Ölwechsel im Frühjahr kommt den Geräten zugute.

Bodenvorbereitung

Zunächst sollten Sie feststellen, um welche **Bodenbeschaffenheit** es sich in Ihrem Garten handelt. Wenn sich das Erdreich im Laufe der Zeit zu sehr verdichtet hat, muß es gut gelockert werden, damit eine optimale **Wasserführung** und **-speicherung** gewährleistet ist. Wurzeln und Kleintiere, die unter anderem für einen gesunden Boden sorgen, erhalten dadurch einen besseren Lebensraum. Beim Umgraben sehen Sie auch zugleich, um welche Bodenqualität es sich in Ihrem Garten handelt. Die kann nämlich von Region zu Region ganz unterschiedlich sein. Die meisten Pflanzen gedeihen am besten auf gut strukturierten und ausreichend mit **Nährstoffen** versorgten Böden.

Ideal ist ein **mittelschwerer sandiger Lehmboden**. Er bietet für ein prächtiges Wachstum der Pflanzen eine gute Basis. Seine Struktur lässt Wasser und Luft ausreichend zirkulieren und die Wurzeln finden genug Halt, ohne auf zu großen Widerstand zu treffen. Zudem lässt er sich leicht bearbeiten. Doch meist trifft man auf schwere Ton- und Lehmböden, zu lockere Sand- oder zu feuchte Moorböden. Je nach Beschaffenheit können Sie bei Bedarf die Qualität des Bodens verbessern.

Bei **lehmhaltigen Böden** handelt es sich um schwere Böden, die beim Umgraben oder Fräsen in große Schollen zerfallen. Diese saugen sich bei Nässe voll und werden schwer und schmierig, trocknen aber auch wiederum schnell aus und werden dann sehr hart. Lehmboden lässt sich am besten bearbeiten, wenn er noch leicht feucht ist. Durch das Einarbeiten von Sand können Sie die Bodenstruktur verbessern.

Bei trockenem Wetter umgraben

Sie wird dadurch krümeliger und somit durchlässiger für Luft und Wasser.

Der Tonboden gehört ebenfalls zu den schweren Böden. Da er

Tipp

Um welchen Boden es sich in Ihrem Garten handelt, können Sie ganz schnell mit einem einfachen Test feststellen. Hierfür füllen Sie etwas Erde in einen Becher und befeuchten sie. Geben Sie so viel Wasser dazu, bis Sie eine feuchte, jedoch keine breiige Masse haben. Von dieser Substanz nehmen Sie etwas zwischen die Daumen- und Zeigefingerspitze und zerreiben sie. Bei dieser Fingerprobe können Sie neben den sichtbaren Eigenschaften genau spüren, um welchen Boden es sich handelt.

Leichter Boden (Sandboden): Er lässt sich nicht bzw. kaum formen und fühlt sich beim Zerreiben rau an.

Mittlerer Boden (lehmiger Sand oder sandiger Lehm): Dieser lässt sich etwas bis gut formen. Je rauer er sich anfühlt, um so sandhaltiger ist er.

Schwerer Boden (Lehm- oder Tonboden): Er lässt sich gut formen. Je glatter und gleitfähiger er ist, desto tonhaltiger ist er.

meist feucht ist, neigt er zu Staunässe und verdichtet sich leicht. Das verhindert eine gesunde Luftzirkulation. Daher ist es ratsam, in Tonböden Sand unterzumischen, um die Struktur zu verbessern. Nährstoffe erhält diese Sand-Ton-Mischung durch das Beimengen von Kompost.

Ein **sandiger Boden** ist sehr feinkrümelig und lässt sich nicht formen. Er ist zwar leichter zu bearbeiten als ein Lehmboden, hält aber das für Pflanzen so lebensnotwendige Wasser nicht genügend. Bei Sandböden empfiehlt es sich, etwas Lehm einzuarbeiten. Das bindet den Boden und

Sorgfältige Beetgestaltung erleichtert später die Gartenarbeit

Regelmäßiges Bearbeiten belüftet den Boden

Anlage und Vorarbeiten

Tipp

Entgegen früherer Meinungen sollten Sie in Blumenbeete keinen Torf einarbeiten. Er ist sauer und bekommt nur wenigen Pflanzen (z.B. Moorbeetpflanzen).

verbessert das Wasserhaltevermögen.
Moorböden saugen sich bei viel Regen mit Wasser voll, können aber bei längerer Trockenheit kein Wasser speichern. Durch Zugabe von Tonerde oder Steinmehl wird ihre Struktur verbessert.

Nährstoffversorgung

Die billigste und beste Nährstoffversorgung für Blumenbeete bieten **verrotteter Stallmist** oder **Gartenkompost**, wobei Sie Pferdemist dem Kuhmist vorziehen sollten. Der Mist wird beim Umgraben tief in den Boden miteingearbeitet. Kompost wird nur oberflächlich in die obere Humusschicht eingeharkt. Hierfür verteilen Sie ihn mit einem Rechen gleichmäßig auf der Bodenoberfläche. Anschließend wird er mit dem Rechen oder mit einer mechanischen oder motorbetriebenen Fräse mit der Erde gut vermischt, jedoch nicht tief eingegraben. Kompost eignet sich auch gut für bereits angepflanzte Beete, die nicht mehr umgegraben werden.

Anlage und Aufteilung von Beeten

So legen Sie ein Beet an

Wenn Sie ein komplett neues Blumenbeet anlegen möchten, sollten Sie bereits im Herbst den gesamten Bereich, an dem später die Blütenpracht gedeihen soll, umgraben und verrotteten Stallmist mit einarbeiten. In den darauf folgenden Wintermonaten können Sie dann erst einmal getrost „Mutter Natur“ für Sie arbeiten lassen. Denn in die durchs Umgraben entstandenen Erdspalten dringt Wasser ein und gefriert bei Frost; das Eis sprengt die groben Erdschollen. Erwärmt

Üppige Blütenpracht dank optimaler Pflege

sich der Boden dann tagsüber wieder, fließt das Wasser in die neu entstandenen Ritzen. Dies wiederholt sich im Laufe des Winters mehrmals. Die großen Erdballen werden dadurch immer kleiner, so dass die Erde gut mit Wasser versorgt wird. Sie saugt sich voll wie ein Schwamm; dadurch hat sie genug Wasserreserven für den bevorstehenden Sommer. Zudem mengen sich die Nährstoffe des Mistes durch diese kleinen Bodenbewegungen in den Humus.

Im Frühjahr verkrustet dann durch die Sonneneinstrahlung und Wärme die Erdoberfläche. Damit die Erde nicht austrocknet, muss der Boden oberflächlich aufgerissen werden. Dadurch kann er sich langsam erwärmen, zugleich wird er gut durchlüftet.

Kräuterbeet im Frühjahr …

… und im Sommer

Kurz vor dem Ansäen oder Bepflanzen wird dann die Beetoberfläche fein zerkrümelt. Hierbei kann auch bei Bedarf Kompost eingerecht werden. Die lockere Krümelschicht hält die Feuchtigkeit im Boden und sorgt somit dafür, dass die Wurzeln feucht gehalten werden. Mit einem Rechen bringen Sie das Beet in Form, indem Sie den Rand hochrechen und die Oberfläche mit dem Rücken des Rechens glätten.

Die **Beetbepflanzung** bedarf einer genauen **Planung**, in der Sie Wachstum und Blütezeiten der einzelnen Gewächse unbedingt berücksichtigen sollten. Setzen Sie die neuen, noch kleinen Pflanzen nicht zu dicht nebeneinander. Sie entfalten sich manchmal üppiger, als man denkt. Mit dem Bepflanzen war-

Anlage und Vorarbeiten

Rindenmulch gegen Unkraut

ten Sie am besten so lange, bis es keinen Nachtfrost mehr gibt und sich der Boden etwas erwärmt hat.

Beim Anlegen von freiflächigen Blumenbeeten können Sie entweder ganz geordnet in einer Reihe pflanzen oder die Blumen ineinander versetzt anordnen. Zum Setzen in einer Reihe ist eine Richtschnur sehr hilfreich. Zwei Holzstäbchen und eine lange Schnur tun hierfür ausreichende Dienste.

Binden Sie jeweils die Enden der Schnur an ein Stäbchen. Die Stäbe stecken Sie so in die Erde, dass die Schnur gespannt ist. Dabei führen Sie die Linie so, wie Sie später die Anreihung der Blumen haben möchten. An der Schnur entlang können Sie dann die Pflanzen oder Samenkörner setzen.

Blumenrabatten können, müssen aber nicht zum Rasen hin abgegrenzt werden. Abgrenzungen können sein: imprägnierte Rund- oder Vierkanthölzer, rechteckige Granitsteine oder große runde Steine, die aneinander gereiht werden.

Nach dem ersten Pflanzjahr muss das Beet im Herbst nicht mehr umgegraben werden. Die winterharten Sträucher und mehrjährigen Blumen bleiben sowieso im Beet. Blumenzwiebeln werden im Spätsommer bis Herbst in den Boden gesteckt. Im darauf folgenden Frühjahr wird die Erdoberfläche nur noch zwischen den vorhandenen Pflanzen aufgelockert. Idealerweise harken Sie bei dieser Arbeit fertigen Kompost mit ein. In die Lücken zwischen den Pflanzen wird neu angesät oder gepflanzt.

Blumenbeet mit Buchshecke

Nicht nur in Beeten kommt die duftende Blütenpracht schön zur Geltung

Anlage und Vorarbeiten

Tipp

Die Erdoberfläche mit Rindenmulch abdecken. Das verhindert, dass das Unkraut hochkommt.

Anlage eines Hochbeets

Je näher duftende Blumen oder Kräuter Ihrer Nase sind, umso intensiver nehmen Sie die verschiedenen Wohlgerüche wahr. Deshalb sind Hochbeete, wie man sie aus dem Gemüseanbau kennt, auch sehr gut für den Anbau von Duftpflanzen geeignet. Die Größe des Beets richtet sich natürlich nach dem Platz, den Sie zur Verfügung haben; wobei von einer Mindestbreite von etwa 120 cm und einer Mindestlänge von 250 cm ausgegangen werden sollte, damit sich im Inneren eine natürliche Lebens- und somit Humusstruktur bilden kann. Bei einer Höhe von etwa 80 cm können Sie bequem im Stehen pflanzen und die Blumen pflegen. Für den Bau eines Hochbeets verwenden Sie alte Bretter, z. B. imprägnierte Vierkant-, Rund- oder Halbrundhölzer oder auch Steine.

Hochbeet aus Holz

Sie können ein Hochbeet auch kunstvoll aus Natursteinen aufbauen oder richtig aufmauern. Steht das Hochbeet mittig im Garten, sollten Sie in der Mitte höhere und an den Rand niedrigere Blumen pflanzen. Steht es angrenzend an einer Hauswand, einem Holz- oder einem Naturzaun, pflanzen Sie im hinteren Bereich die höher wachsenden und vorne die niedrig wachsenden Blumen. Besonders hübsch sieht es aus, wenn Sie Hängepflanzen wie beispielsweise Duftsteinrich oder Kapuzinerkresse an den Rand eines Hochbeets setzen.

Hochbeet aus Stein

Tipp

Ein Hochbeet aus Holz

- Zuerst wird in der Größe des Hochbeets die Erde etwa 20 bis 30 cm tief ausgehoben. Die Erde darunter muss mit einer Grabgabel gelockert werden.
- In die Ecken werden jeweils Pfosten in den Boden geschlagen, an denen anschließend die Seitenteile angeschraubt oder angenagelt werden.
- Als Untergrund kommt in die fertige Umrandung eine etwa 20 bis 30 cm hohe Schicht aus zerkleinerten Zweigen und Ästen.
- Die zweite Schicht besteht aus Kompost oder Mist, wobei der Kompost noch frisch sein darf. Die dritte Schicht ist aus ganz normaler Gartenerde. Diese wird bis etwa 20 cm unter den Rand gefüllt.
- Die letzte Schicht besteht aus feinkrümeliger, fertiger Komposterde.

Pflegearbeiten

Pflegearbeiten

Viele Sommerblumen sind einjährig. Dies bedeutet, dass Sie jedes Jahr einige Ihrer Lieblingsduftblumen neu auswählen und anpflanzen dürfen. Hierfür können Sie die Blumen entweder selbst ziehen oder als Setzlinge im Frühling und Frühsommer in den Gärtnereien kaufen.

Duftendes Blumenmeer in Gelb und Blau

Säen, pflanzen, pflegen

Selber ziehen macht Spaß

Nichts ist spannender, als Blumen und Kräuter für den eigenen Garten selbst zu ziehen. Es macht zwar etwas mehr Arbeit, aber leidenschaftliche Hobbygärtner möchten auf dieses Vergnügen nicht verzichten. Je nach Pflanzenart beginnt die Zeit des Aussäens bereits zum Jahreswechsel. Den meisten Sommerblumen reicht aber eine kürzere Anzuchtzeit. Sie werden erst im März angesät. Die genaue Pflanzanleitung mit dem richtigen Aussaatzeitpunkt und der Keimdauer finden Sie auf den einzelnen Samentütchen der jeweiligen Blumensorte. Blumensamen gibt es in großer Auswahl in Gartenfachgeschäften.

Glücklich kann sich schätzen, wer Platz genug für ein eigenes kleines Gewächshaus im Garten hat. Dies erleichtert die Aufzucht von Pflanzen um einiges. Zum einen können Sie größere Mengen von Pflanzen zur gleichen Zeit ziehen, zum anderen bieten Gewächshäuser optimale Licht- und Klimaverhältnisse.

Zum Ziehen von Blumen, deren Samen Sie bereits im Dezember/Januar aussäen müssen, z. B. für Duftpelargonien, benötigen Sie allerdings zusätzlich eine künstliche Beleuchtung.

Zur Anzucht verwenden Sie am besten Pflanzschalen aus Kunststoff. Achten Sie beim Kauf darauf, dass diese stabil genug sind, um sie mehrmals verwenden zu können. Manche Pflanzschalen haben kleine Töpfcheneinsätze, um Samenkörner einzeln setzen zu können. Dann braucht man später die Pflanzen nicht auseinander zu setzen. Sie können auch einfache Torftöpfe als Einsatz verwenden oder den Samen in einer Reihe oder flächig in die Erde streuen.

Anzuchtschalen mit transparenten Deckeln erzeugen einen Treibhauseffekt. Sie eignen sich zur Aufzucht auf der Fensterbank. Dies ist sehr praktisch, wenn Sie kein eigenes Gewächshaus haben.

In die mit Aussaaterde gefüllten Schalen oder Töpfchen wird der Blumensamen je nach Beschreibung in die Erde gesteckt oder auf die Erde gestreut. Manche Samen benötigen zum Keimen Licht. Andere wiederum mögen es lieber dunkel. Hierfür stellen Sie den Anzuchtbehälter in einen dunklen Raum oder decken den Behälter ab. Sobald Dunkelkeimer austreiben, müssen sie sofort ins Helle gestellt werden. Manche Pflanzen brauchen nur ein paar Tage zum Keimen. Andere hingegen können Wochen benötigen.
Die Erde muss nach dem Aussäen gut feucht gehalten werden. Damit der Samen nicht versehentlich von einem zu heftigen Wasserstrahl weggespült wird, befeuchten Sie die Erde am besten vorsichtig mit einer Sprühflasche. Achten Sie aber darauf, dass die Erde nicht zu nass wird. Sobald die ersten Blattspitzen zu sehen sind, dürfen Sie vorsichtig gießen. Als Keimtemperatur sind etwa 19 bis 21 °C optimal.

Anzuchtschale auf der Fensterbank

Nach dem Austreiben der Keimblätter entwickeln sich die ersten richtigen Blätter der Pflanze. Jetzt ist es an der Zeit, eng zusammenstehende Minipflänzchen zu vereinzeln. Gärtner sprechen hierbei vom Pikieren. Hierfür füllen Sie kleine Kunststofftöpfe mit Erde und graben mit einem speziellen Pikierstäbchen kleine Löcher in die Erde. In diese werden dann die kleinen, einzelnen Pflänzchen vorsichtig eingesetzt. Dabei dürfen auf keinen Fall die winzigen Wurzeln beschädigt werden. Jetzt können die Jungpflanzen in Ruhe heranwachsen, bis sie groß genug sind, um in den Garten umzusiedeln. Sobald sich ein festes Wurzelwerk gebildet hat, das durch die kleinen Öffnungen im Topfboden zu wachsen versucht, und wenn es das Klima erlaubt, werden die Pflanzen an Ort und Stelle in den Garten oder in die entsprechenden Gefäße gepflanzt.

Selbstverständlich sollte vor dem Bepflanzen das Beet entsprechend aufbereitet sein. Denn nur ein Beet aus gut gelockerter und nährstoffreicher Erde macht aus Ihren mühsam gezogenen „Sprösslingen“ lang blühende, gesunde Pflanzen. Der Boden sollte sich in der Frühjahrssonne bereits etwas erwärmt haben. Die beste Zeit ist etwa ab Mai. Bis dahin sind die kalten Nächte vorbei und kein Frost mehr zu befürchten.

Schon nach ein paar Wochen haben sich die Pflanzen prächtig entwickelt

Kräftige Jungpflanzen – Mottenkönig und Geranien

Ein natürliches Blumenbeet

Wenn Sie lieber der Natur ihren freien Lauf lassen wollen und ein natürlich wachsendes Blumenarrangement im Garten bevorzugen, brauchen Sie im Frühjahr nur den Blumensamen direkt in das gut vorbereitete Beet einzuarbeiten.

Tipp

Jungpflanzen sollten insgesamt einen vitalen Eindruck machen, möglichst viele Triebansätze und eine der Pflanze gemäße gesunde, kräftige Farbe aufweisen. Zudem sollte das Wurzelwerk kräftig und gesund sein. Kaufen Sie Ihre Pflanzen lieber in einer Baumschule, Gärtnerei oder in einem Fachgeschäft. Von preisgünstigen Sonderangeboten ist eher abzuraten.

Hierbei können Sie entweder Samen von einer Blumensorte verwenden oder verschiedene Samen mischen und einarbeiten. So entfaltet sich ein bunt blühendes Blumenmeer. Ob sich die jeweiligen Samen zur Direktaussaat eignen, steht auf der Packung.

Stauden

Stauden sind nichtverholzende, winterharte Pflanzen. Sie werden meist wegen ihres Blütenreichtums gepflanzt. Zudem haben Staudenblumen den Vorteil, dass sie nicht sehr arbeitsintensiv sind. Sie blühen jährlich, können mehrere Jahre alt werden, wachsen üppig und breiten sich zunehmend aus, beispielsweise Pfingstrosen, Phlox, Margeriten sowie Tag- und Schwertlilien. Wegen des raschen Wachstums müssen große Staudenpflanzen wie Pfingstrosen mindestes in einem Abstand von 1 m gepflanzt werden.

Im ersten Pflanzjahr setzen Sie einjährige Sommerblumen in die Zwischenräume. Im zweiten Jahr füllen die Staudenblumen dann selbst die Lücke. Sie bevorzugen einen gut gelockerten Boden mit durchlässiger Struktur. Ton- und Lehmböden sollten Sie mit Sand verbessern. Beim Anpflanzen im Garten werden Stauden genauso

Gefüllte Tulpen

Pflegearbeiten

tief eingepflanzt, wie sie zuvor im Anzuchttopf standen. Zur Vermehrung von Stauden teilen Sie kräftige Exemplare samt Wurzelstock und setzen die entstandenen einzelnen Pflanzen an gewünschter Stelle ein.

Zwiebelblumen

Die Zwiebeln von winterharten Frühlingsblühern wie Narzissen kommen bereits ab September in den Boden. Einmal gesetzt, blühen sie von Jahr zu Jahr wieder und vermehren sich von selbst.

Frostempfindliche Zwiebeln werden allerdings erst im Frühjahr gesetzt, im Herbst wieder herausgenommen und trocken überwintert.

Blumenzwiebeln werden etwa ein- bis dreimal so tief eingesetzt, wie sie hoch sind. Hierfür muss der Boden gut gelockert und mit Sand vermischt werden, damit er wasserdurchlässig wird und sich keine Staunässe bilden kann. Während des Sommers sollte der Platz, an dem Zwiebelblumen stehen, möglichst trocken gehalten werden.

Wenn ringsum Blumen wachsen, die Wasser brauchen, sollten Sie die Zwiebeln nach dem Vergilben der Blätter lieber aus dem Boden nehmen, sie trocken lagern und im Spätsommer wieder eingraben. Blumenzwiebeln mögen es in der Erde nicht zu feucht.

Bäume und Sträucher

Gehölze werden meist als Containerware angeboten. Diese kann während der ganzen Vegetationsperiode verpflanzt werden. Für Pflanzen aus der Baumschule ist die beste **Pflanzzeit** der Herbst. Sobald das Laub abfällt, beginnt die Ruhephase der sommergrünen Gehölze. Jetzt können sie ausgegraben und transportiert werden. Für den Transport werden die Wurzeln mit Jutesäcken umhüllt. Dies sollte so früh wie möglich geschehen, damit die Pflanze in ihrem neuen Zuhause noch genug Wurzeln bis zum Winter bilden kann. Zum **Einpflanzen** reicht ein Loch in der Größe des Wurzelballens.

Junge Bäume benötigen oft eine **Stützhilfe**. Hierfür schlagen Sie ein bis drei Rundhölzer rings um den Baum in den Boden und befestigen ihn mit einem Hanfseil. Füllen Sie das Pflanzloch mit Erde auf und drücken Sie den Wurzelballen gut fest. Danach wässern Sie die Pflanzstelle gründlich, damit sich die Erde gut um die Wurzeln schwemmt. Das begünstigt das Anwachsen der Wurzeln.

Jungpflanzen gut angießen

Kübelpflanzen

Für die Bepflanzung von Kästen und Kübeln bieten Gärtnereien ein reichhaltiges Angebot. Dies reicht von einjährigen Blumen bis hin zu mehrjährig gezogenen Rosen- und Pelargonienstämmchen.

Zum Bepflanzen verwenden Sie am besten Gefäße aus Terrakotta. Die sind zwar etwas teurer, dafür aber pflanzenfreundlicher als Plastikbehälter. Tongefäße helfen, den Feuchtigkeitsgehalt in der Topferde zu regulieren. Das Material ist wasserdurchlässig, sodass überschüssige Feuchtigkeit über die Sei-

Tipp

Wichtige Nährstoffe

- **Stickstoff** ist wichtig für die Blätter und Triebe einer Pflanze. Zu viel Stickstoff macht die Pflanze weich und krankheitsanfällig.
- **Phosphor** beeinflusst die gesunde Knospen- und Blütenbildung. Fehlt Phosphor, können sich Blüten und Knospen nicht voll entfalten.
- **Magnesium** ist für die Grünfärbung der Pflanzen zuständig. Neigen Ihre Blumen zu gelben Blättern, kann das auf einen Magnesiummangel deuten.

Duftende Kübelpflanze: das Wandelröschen

Pflegearbeiten

Tipp

Für Topfpflanzen eignet sich gewöhnliche Gartenerde nicht. Verwenden Sie hierfür spezielle Pflanzsubstrate aus dem Gartenfachhandel.

tenwände verdunsten kann. Das schützt die Wurzeln vor Staunässe. Gerade beim Überwintern besteht oft die Gefahr, dass Pflanzen zu feucht werden und eingehen.

Pflanzenpflege

Verblühtes sollten Sie regelmäßig entfernen. Das sieht nicht nur schöner aus, sondern regt auch die Bildung neuer Blüten an.

Sommerliche Blütenpracht

Wasservorrat bereithalten

Welke oder vergilbte Blätter werden ebenfalls regelmäßig entfernt. Solange die Blumen noch nicht dicht genug zusammengewachsen sind, macht sich oft Unkraut dazwischen breit. Das sollten Sie ebenfalls regelmäßig entfernen, denn es entzieht dem Boden wertvolle Nährstoffe. Unkraut macht selbst vor Kübelpflanzen nicht halt. Auch hier gilt: regelmäßig kontrollieren und entfernen.

Hoch wachsende Staudenblumen, Stammpflanzen und ganz besonders Kronenbäumchen benötigen oftmals zusätzliche Stützhilfen. Hierfür eignen sich Bambusstäbe aus dem Gartenmarkt oder Zweige aus dem Garten.

Gießen

Ohne Wasser gedeiht keine Pflanze. Reicht die natürliche Wasserversorgung durch Regen nicht aus, ist Gießen angesagt.

Tipp

Wenn es längere Zeit sehr trocken ist, sollten Sie den Boden zwischen den Blumen auflockern. Dadurch bleibt die für die Wurzeln notwendige Feuchtigkeit im Boden.

Gießregeln

Gießen Sie regelmäßig. Die Pflanzen stellen sich auf Ihren Gießrhythmus ein.

- Einmal am Tag zu gießen reicht normalerweise. An sehr heißen Tagen sollten Sie jedoch zweimal zur Gießkanne greifen.
- Die beste Zeit zur Wasserversorgung von Gartenpflanzen ist morgens, und zwar frühmorgens bis etwa 10 Uhr, dann erst wieder abends nach 18 Uhr.
- Achten Sie auf die Wasserqualität. Leitungswasser ist in manchen Gegenden sehr kalkhaltig und kann für einige Pflanzen schädlich sein. Wenn Sie die Möglichkeit haben, sollten Sie Regenwasser sammeln und damit gießen. Ansonsten verwenden Sie besser abgestandenes Wasser (mindestens 24 Stunden).
- Gießen Sie nie mit eiskaltem Leitungswasser. Pflanzen mögen keinen Kälteschock. Füllen Sie das Wasser lieber in einen Eimer oder eine Gießkanne, lassen Sie es von der Sonne erwärmen und gießen Sie dann damit.
- Verwenden Sie Sprühaufsätze für Schlauch und Kanne. Dadurch verteilt sich das Wasser gleichmäßiger in der Erde. Zudem wird die Erde nicht durch einen einzigen, zu heftigen Wasserstrahl weggeschwemmt.

Düngen

Normalerweise enthält der gesunde Boden alle notwendigen Basisnährstoffe wie Stickstoff, Phosphor, Magnesium, Kalzium und Kalium, um die Pflanzenwelt in Ihrem Garten ausreichend zu versorgen und vital zu halten, vor allen Dingen, wenn Sie den Garten vor dem Bepflanzen mit Kompost oder verrottetem Stallmist angereichert haben. Doch im Laufe der Zeit laugen die Pflanzen den Gartenboden aus. Er schafft es allein nicht mehr, genug Nährstoffe zu produzieren und die Pflanzen ausreichend zu versorgen. Dann ist es an der Zeit, den Boden mit Düngemitteln zu unterstützen. Vor allem Kübelpflanzen sind auf Zusatznährstoffe angewiesen, denn die in der Pflanzerde vorhandenen Nährstoffe sind bald verbraucht.

Flüssigdünger

Tipp

Kräuter, die Sie in der Küche verarbeiten möchten, sollten Sie nicht düngen. Sie verlieren dadurch ihre Geschmacksintensität.

Organischer oder anorganischer Dünger

Für Blumenbeete eignet sich organischer Dünger aus pflanzlichen und tierischen Produkten sehr gut. Neben dem schon erwähnten Kuhmist sind auch Horn- und Knochenmehl geeignet, sowie Guano. Das ist getrockneter Kot von Seevögeln.

Außer Gartenkompost können Sie auch noch geschnittene Brennnesseln und Gras als pflanzliche Dünger verwenden.

Anorganischer Dünger wird manchmal als Kunstdünger bezeichnet. Es handelt sich hier um mineralische Basismittel, die auf der Erde vorhanden sind (z. B. Düngekalk), oder um Industrieprodukte bzw. Nebenprodukte der Industrie (z. B. Thomasphosphat). Es gibt sehr viele verschiedene Einzeldünger auf dem Markt. Für den Blumengarten eignen sich so genannte **Volldünger** am besten. Hier sind Phosphat, Kali und Magnesium in einem ausgewogenen Verhältnis vereint. Die Pflanzen werden mit allen wichtigen Nährstoffen versorgt. Volldünger gibt es als Granulat, das über die Erde gestreut wird, in Form von Stäbchen, die in die Erde gesteckt werden, oder als Flüssigdünger. Wie viel Sie jeweils davon verwenden dürfen, steht in der Gebrauchsanweisung.

Die handelsübliche Blumenerde, die Sie zum Anpflanzen von Kästen und Pflanzkübeln verwenden, beinhaltet meist schon alle wichtigen Nährstoffe. Deshalb sollten Sie nicht unmittelbar nach dem Anpflanzen düngen. Es besteht sonst die Gefahr der Überdüngung. Es reicht aus, wenn Sie erst etwa sechs Wochen nach dem Anpflanzen mit dem Düngen beginnen.

Tipp

Kaufen Sie keine billige Blumenerde. Geben Sie lieber ein paar Mark mehr für gute, mit Nährstoffen angereicherte Erde aus. So sind die Pflanzen gleich vom ersten Tag nach dem Einpflanzen an bestens versorgt.

Schildläuse

Pflanzenschutz

Die richtige Pflege ist der beste Pflanzenschutz. Denn gut gepflegte, gesunde Pflanzen sind widerstandsfähiger und weitaus weniger krankheitsanfällig als schwache, ungepflegte. Das bedeutet für Sie, die Blumen weder zu nass noch zu trocken zu halten sowie ausreichend mit allen notwendigen Nährstoffen zu versorgen. Aber selbst bei guter Pflege bleiben Pflanzen nicht immer von Schädlingen und Pilzen verschont. Oftmals genügt schon ein regenreicher Sommer, der die Blumen schwächt und anfällig macht. Und das Wetter lässt sich nicht beeinflussen. Überprüfen Sie daher in regelmäßigen Abständen Ihre Blumen, ob sich Anzeichen finden lassen, die auf einen Schädlings- oder Pilzbefall hinweisen. Nur so können Sie rechtzeitig Gegenmaßnahmen ergreifen. Wenn Sie Schäden entdecken, sollten Sie zuerst biologische Mittel anwenden. Nur in hartnäckigen Fällen sind chemische Mittel zu verwenden.

Schädlinge und Gegenmaßnahmen

Schnecken und Raupen
Sie können einen ziemlichen Schaden im Blumengarten anrichten. Denn wo sie „grasen", bleibt meist kein Blatt mehr stehen. Zunächst sollten Sie die vorhandenen Schädlinge per Hand einsammeln und möglichst weit entfernt wieder der Natur übergeben.

Stecken Sie als Gegenmaßnahme Knoblauchzehen zwischen die Blumen in den Boden. Raupen mögen den Geruch nicht und bleiben fern.
Schnecken können Sie mit einer Bierfalle von den Blumen weglocken. Hierfür graben Sie einen bis zu zwei Drittel mit Bier gefüllten Jogurtbecher bündig zur Erdoberfläche ein. Die Schnecken werden angelockt und fallen ins Bier.

Tipp: Natürliche Mittel zur Schädlingsbekämpfung

Schachtelhalmbrühe
Etwa 1 kg frischen oder 150 g getrockneten Schachtelhalm mit 10 l Wasser übergießen und 24 Stunden ziehen lassen. Anschließend langsam aufkochen, etwa 30 Minuten leise sieden lassen.
Abkühlen lassen und absieben. Die Brühe im Verhältnis 1:5 mit Wasser verdünnen und an sonnigen Tagen die von Schädlingen befallenen Pflanzen damit besprühen. Behandlung mehrmals im 14-tägigen Rhythmus wiederholen. Schachtelhalm-Extrakte gibt es auch fertig zu kaufen.

Knoblauch-Zwiebel-Jauche
Hierfür setzen Sie ein Gemisch aus frischen Zwiebeln und Knoblauch (insgesamt etwa 500 g) mit 10 l Wasser auf und lassen es so lange stehen, bis es vergoren ist. Die entstandene Jauche verdünnen Sie im Verhältnis 1:10 und sprühen sie über den Gartenboden.

Schmierseifenlösung
In 10 l warmem Wasser werden 300 g Schmierseife sowie je 1 EL Kalk und Salz aufgelöst und mit einem 1/2 l Spiritus vermischt. Die von Blattläusen befallenen Pflanzen werden mit diesem Gemisch zweimal wöchentlich bei trockenem Wetter bespritzt.

Indianernessel mit Pilzbefall

Schildläuse
Kleine braune bis schwarze Tierchen, die meist an der Blattunterseite sitzen und Pflanzensaft saugen.
Gegenmaßnahme: Die Läuse mit einem Holzstäbchen oder dem Fingernagel abkratzen und die Pflanze anschließend mit Schmierseifenlösung (siehe Tippkasten) abwaschen.

Tipp

Verwenden Sie zur Schneckenbekämpfung kein Gift. Erstens erleiden die Tiere einen qualvollen Tod und zweitens werden sie von anderen Tieren, z. B. von Igeln und Vögeln, gefressen. Diese Tiere nehmen dadurch ebenso das Gift auf und verenden kläglich.

Blattläuse
Das sind kleine grüne, braune oder schwarze Läuse, die sich mit Vorliebe an den Stängeln, Triebspitzen und Blättern aufhalten. Sie saugen Pflanzensaft. Die Pflanze wird klebrig.

Gegenmaßnahme: Die Blattläuse abstreifen oder die stark befallenen Triebe gleich ganz abschneiden und verbrennen. Anschließend die Pflanze mit Schmierseifenlösung (siehe Tippkasten S. 39) besprühen.

Spinnmilben
Winzig kleine Tierchen, die man kaum sieht. Die Blätter der Pflanze werden gelb gesprenkelt und erscheinen durchsichtig. An der Unterseite bilden sich spinnwebartige Netze.

Gegenmaßnahme: Falls möglich, z. B. bei Kübelpflanzen, den Standort der Pflanze wechseln und die Pflanze mit Wasser besprühen.

Weiße Fliege
Sie sitzt gerne an der Blattunterseite und saugt ebenfalls Pflanzensaft. Meist weisen die Blätter gelbe Flecken auf.

Gegenmaßnahme: Weiße Fliegen mögen keinen Luftzug. Deshalb sollten Sie, z. B. bei Topfpflanzen, die Pflanze in den Wind stellen und natürliche Nützlinge wie Marienkäfer ihre Arbeit verrichten lassen.

Pilzerkrankungen und Gegenmaßnahmen

Die häufigsten Pilzerkrankungen sind **echter** und **falscher Mehltau**, **Rußtau** sowie **Rostpilz**. Pilzbefall wird durch eine feuchtwarme Luft begünstigt; der Belag überzieht vor allem Blätter und Knospen (z. B. Rosen).

Gegenmaßnahme: Bei Pilzbefall sind zunächst die befallenen

Weiße Fliege

Pflanzenteile zu entfernen. Sie dürfen auf keinen Fall auf den Kompost; am besten verbrennen Sie die Teile. Versuchen Sie die Pflanze trockener zu halten und sie an einen luftigeren Platz zu stellen. Die anschließende Behandlung mit einer selbst angesetzten Schachtelhalmbrühe oder mit einer Knoblauch-Zwiebel-Jauche (vgl. Seite 39) kräftigt die Pflanze und beugt einem Neubefall vor. Beim echten Mehltau helfen meist nur noch chemische Mittel.

Grauschimmel
Hier handelt es sich um schimmelartige runde Flecken auf der Blattunterseite und an den Blattspitzen.
Gegenmaßnahme: Befallene Pflanzenteile abschneiden. Die Pflanze nicht mehr so viel gießen und überhaupt nicht mehr düngen, bis eine Besserung eingetreten ist.

Tipp

Zwiebeln sofort beim Ausgraben sortieren und kennzeichnen. So wissen Sie beim Eingraben im Frühjahr, um welche Blume und Farbe es sich handelt.

Tipp: Rosenschnitt

- Schneiden Sie Rosen nur mit einer scharfen Gartenschere, sonst wird das Gehölz gequetscht.
- Rosen nicht gerade und zu schräg, sondern nur leicht schräg schneiden.
- Der Schnitt erfolgt etwa 5 bis 10 mm über dem „Auge". Das ist die kleine warzenähnliche Stelle, aus der ein Austrieb erfolgt.
- Dickere Triebe weniger tief abschneiden, dünnere Triebe stärker zurückschneiden.
- Abgestorbene, erfrorene und kranke Triebe sollten bis ins gesunde Holz heruntergeschnitten werden.
- Schwache Triebe an der Ansatzstelle abschneiden.
- Geschnitten wird grundsätzlich erst im Frühjahr ab März/April.
- Öfter blühende Rosen werden nach der ersten Blüte geschnitten. Dabei wird unterhalb der verwelkten Blüte und oberhalb des ersten, gut ausgeprägten Auges geschnitten.

Schnitt

Sommerblumen benötigen eigentlich keinen Schnitt. Sie sollten nur regelmäßig von verwelkten Blüten befreit werden. **Bäume, Sträucher, Rosen** und manche **Kübelpflanzen** hingegen erhalten regelmäßig einen **Rückschnitt** im Frühjahr oder besser im Spätwinter. Das regt die Bildung von neuen Knospen und Zweigen an. In den Blattachseln befinden sich Knospen, die sogenannten „schlafenden Augen". Durch einen Rückschnitt wird ihr Wachstum angeregt. Die Pflanze erhält dadurch neue Triebe.
Einen so genannten **Sommerschnitt** erhalten **Kletter-** und **Stämmchenpflanzen**. Man nennt diese Maßnahme auch Pinzieren. Hierbei werden die Leittriebe, die nur an der Spitze blühen und Seitentriebe verhindern, an der Spitze mit einer Schere gekürzt. Dadurch wachsen mehr Seitentriebe mit Blüten. Die Kletterpflanze wird fülliger und kompakter. Gerade bei Stämmchenblumen ist das Entspitzen wichtig, damit sie in Form bleiben. Nehmen Sie aber der Pflanze nie alle Triebspitzen gleichzeitig. Sonst besteht die Gefahr, dass sie eine Zeit lang keine Blüten trägt. Entspitzte Kübelpflanzen werden beim Einräumen nicht zurückgeschnitten.

Pflegearbeiten

So üppig blühen regelmäßig und sorgfältig gepflegte Duftpflanzen:

Lavendel

Clematis

Lilien

Kapuzinerkresse

Blumenzwiebeln trocknen

Vorbereitungen für den Winter

Ab Oktober gibt es meist schon Nächte mit Bodenfrost. Spätestens dann wird es Zeit, die Sommerblumenpflanzungen abzuräumen und frostempfindliche Blumenzwiebeln auszugraben. Sobald diese abgetrocknet sind, werden sie trocken gelagert. Ist die Blütezeit beendet, werden alle Staudenpflanzen über dem Boden abgeschnitten. Zum letzten Mal in diesem Jahr wird das Unkraut ringsum gejätet. Den Boden sollten Sie anschließend oberflächlich auflockern. Gartenabfälle kommen gegebenenfalls auf den Kompost. Achten Sie darauf, nur gesunde Pflanzenteile zu kompostieren. Kräftige Stängel werden vorher kleingehackt. Sie verrotten so schneller.

Frostempfindliche Blumen

Empfindliche Blumen wie z. B. Rosen, die im Freien bleiben, brauchen einen Winterschutz. Zum Schutz der Wurzeln häufeln Sie Komposterde, Laub oder Tannenreisig auf den Wurzelbereich. Über niedrige Pflanzen können Sie locker Fichten- oder Tannenzweige legen. Rosenstämmchen werden mit Strohbüscheln oder Jutestoff ein- gehüllt. Kletterrosen schützen Sie ebenfalls mit Tannenzweigen vor Frost. Hierfür stecken Sie die Tannenzweige durchs Spalier und befestigen sie.

Empfindliche Pflanzen und Kräuter im Haus überwintern

Frostempfindliche Kübelpflanzen müssen im Haus oder im beheizbaren Treibhaus überwintert werden. Das Winterquartier beziehen sie meist ohne Rückschnitt, es sei denn, die eine oder andere Pflanze ist zu groß geworden und Sie bringen sie nicht mehr unter. Dann dürfen Sie sie etwas einkürzen. Ansonsten wird die Pflanze lediglich von Blüten, welken Blättern und Samenständen befreit, sprich „ausgeputzt". Abgefallenes Laub, das auf dem Erdballen liegt, wird entfernt.

Richtig zurückgeschnitten werden die meisten Pflanzen erst im

Tipp: Wichtige Regeln zum Überwintern

- Während der Sommermonate sind die Pflanzen gut mit Nährstoffen und Wasser zu versorgen, damit sie sich kräftig entwickeln und gesund überwintern können.
- Ab August/September ist das Düngen und Gießen etwas zu reduzieren.
- Beim Einräumen der Pflanzen darf die Erde nicht zu nass sein.
- Vor dem Einräumen in das Winterquartier und während der ganzen Ruhephase sind die Pflanzen regelmäßig nach Schädlingen zu untersuchen; auch an der Blattunterseite.
- Je nach Witterungsverhältnissen sind die Pflanzen möglichst spät ins Winterquartier einzuräumen und so früh wie möglich wieder ins Freie zu stellen, wenn es die Temperaturen erlauben.
- Zum Überwintern von Pflanzen eignen sich Garagen, in denen es nicht zu kalt wird, oder der Keller. In Lichtschächten dürfen nur frostverträgliche Pflanzen untergebracht werden. Der Dachboden sollte nur als Notquartier und für laubabwerfende Pflanzen genutzt werden.
- Ideale Temperaturen zum Überwintern liegen zwischen 5 und 10 °C.
- Immergrüne Pflanzen bevorzugen einen hellen Platz. Laubabwerfende dürfen dunkler stehen.
- Je heller das Winterquartier, um so wärmer darf es sein. Je dunkler, desto kühler sollte es sein.
- An einem dunklen Platz braucht die Pflanze weniger Wasser als an einem hellen Standort.
- Pflanzen erst gießen, wenn sich die Erde vom Topfrand löst. Aber Vorsicht – nicht vernässen.
- In beheizten Wintergärten herrscht oft ein Wüstenklima. Hier brauchen die Pflanzen eventuell mehr Wasser.

Frühjahr, damit sie dann schön und mit voller Energie austreiben können. Alles über die individuelle Pflege der einzelnen Duftpflanzen finden Sie in der „Pflanzenkunde von A–Z“, ab Seite 45.

Tipp

Wenn Sie selbst keinen Platz zum Überwintern von Kübelpflanzen zur Verfügung haben, fragen Sie bei Ihrem Gärtner nach. Manche bieten gegen Gebühr einen Überwinterungsservice im Gewächshaus an. Sie können davon ausgehen, dass Ihre Pflanzen hier optimal versorgt werden.

Beheizbares Treibhaus

Pflanzenkunde von A–Z

Chilenischer Jasmin

Chilenischer Jasmin

(Mandevilla laxa)

Diese Schlingpflanze stammt aus Peru, Bolivien und Argentinien. Sie wächst schnell und kann bis zu 5 m hoch werden. Vom Frühjahr bis zum Herbst trägt sie unermüdlich stark duftende Trichterblüten. Im Herbst wirft sie ihr Laub ab.

Duft

Intensiver süßlich-blumiger Jasminduft.

Standort

Chilenischer Jasmin soll während der Sommermonate warm und sonnig stehen. Zum Überwintern stellen Sie ihn möglichst kühl und dunkel bei Temperaturen zwischen 2 und 5 °C ins Haus oder Treibhaus.

Pflege

Er mag nur mäßig gegossen und etwa alle zwei Wochen gedüngt werden. Vor dem Einräumen im Herbst dürfen Sie ihn kräftig zurückschneiden. Im Winterquartier nur noch wenig gießen, fast trocken halten.

Duftsteinrich

(Lobularia maritima)

Duftsteinrich ist ein Kreuzblütler und stammt aus dem Mittelmeerraum. Es gibt ihn in Weiß und in Abstufungen verschiedener Rosa- und Violettöne. Bei guter Pflege blüht er den ganzen Sommer über. Da er nicht höher als etwa 20 cm wird, eignet er sich gut als Bodendecker oder zur Unterpflanzung von hochstämmigen Blumen wie etwa Rosensträuchern und Fuchsienstämmchen. Sie können ihn aber auch beispielsweise zwischen Tulpen und Gladiolen direkt ins Beet pflanzen. Setzen Sie ihn an den Rand von Pflanzkübeln und Hochbeeten ein, entwickelt er sich zur Hängepflanze.

Tipp

Wenn Sie welke Blüten immer wieder ausputzen, dankt der Duftsteinrich dies mit einer Blühdauer bis in den Herbst.

Duftsteinrich

Duft
Die Blüten verströmen einen starken Honigduft.

Standort
Duftsteinrich gedeiht am besten an warmen, sonnigen Plätzen auf wasserdurchlässigen, kalkhaltigen Böden.

Pflege
Da diese Pflanze aus warmen Gebieten stammt, gedeiht sie bei warmem Wetter und viel Sonne am prächtigsten. Sie darf auch ruhig mal etwas trocken gehalten werden. Das verträgt sie jedenfalls besser als Staunässe. Duftsteinrich kann direkt an Ort und Stelle ausgesät werden. Geschieht dies im April, haben Sie schon bald Freude am guten Duft. Säen Sie ihn erst im Juni aus, kommt die Blüte entsprechend später. Erdflöhe machen es sich gerne rund um den Duftsteinrich bequem. Deshalb sollten Sie rechtzeitig dagegen angehen.

Duftschneeball
(Viburnum)

Viele kleine Blütenstiele bilden Kugeln, die diesem Strauch sein unverwechselbares Aussehen verleihen. Duftschneeball gibt es mit weißen oder rosa Blüten. Im

Duftschneeball

Herbst bilden sich an den Ästen schöne Beeren. Blütezeit: April bis Mai.

Duft
Der Duft ist intensiv blumigschwer.

Standort
Duftschneeball gedeiht am besten in sonniger Lage. Aber auch halbschattige Plätze genügen ihm. Er eignet sich zur Auflockerung von grünen Hecken genauso gut wie als Einzelstrauch im Rasen.

Pflege
Im Frühjahr sollten Sie ihn düngen. Nach der Blüte erhält er einen Rückschnitt. Achten Sie auf Lausbefall.

Duftwicke
(Lathyrus odoratus)

Die zarten, schmückenden Blüten verleihen dieser Pflanze ihren ganz persönlichen Charme. Sie blüht in allen Farben, außer in Gelb. Wicken gibt es mit 20 cm Wuchshöhe oder als Kletterpflanze bis zu 200 cm Höhe. Dadurch eignen sie sich bestens zum Begrünen von Hauswänden oder Gartenzäunen.

Duft
Ihr süßlicher Honigduft lockt zahlreiche Insekten in den Garten.

Standort
Duftwicken bevorzugen einen sonnigen, windgeschützten Platz und einen gut gelockerten, mit Kompost angereicherten Boden. Dies danken sie mit einer üppigen Blütenpracht von Juni bis September/Oktober.

Pflege
Der Samen kann direkt ins Beet ausgesät werden. Sobald die Pflanze eine Höhe von mindestens

Duftwicke

20 cm erreicht hat, können Sie den Spitzentrieb abzwicken. Das regt die Bildung von Seitentrieben und Blüten an. Duftwicken benötigen reichlich Wasser und einmal wöchentlich etwas Dünger. Das Auszupfen verwelkter Blüten sollte selbstverständlich sein.

Engelstrompete

(Datura)

Diese baumähnliche Pflanze eignet sich in unseren Breitengraden nur als Topfpflanze, da sie im Haus überwintert werden muss. Sie wächst schnell und hat trichterförmige Blüten in Apricot, Gelb, Rosa oder Weiß. Diese können bis zu 30 cm lang werden. Die großen Blätter sehen ebenfalls sehr dekorativ aus. Im Herbst wirft sie ihr Laub ab.

Duft

Sie duftet nachts und verströmt einen sehr intensiven blumigen Duft.

Standort

Die Engelstrompete bevorzugt windgeschützte, sonnige Plätze, beispielsweise Terrasse, Balkon oder Windfang.

Pflege

Sie braucht im Sommer sehr viel Wasser, außerdem sollte sie mindestens einmal wöchentlich

Engelstrompete

Tipp

Bei der Engelstrompete sind alte Blüten regelmäßig zu entfernen. Das sieht nicht nur hübscher aus, sondern es fördert zugleich die Bildung neuer Blüten.

gedüngt werden. Da die Engelstrompete keinen Frost verträgt, muss sie im Haus bei etwa 5 °C hell oder dunkel überwintert werden. Dabei ist sie nur mäßig zu gießen. Bevor Sie diese Pflanze im Herbst ins Haus stellen, braucht sie einen Rückschnitt um etwa ein Drittel.

Flammenblume

(Phlox paniculata)

Die Flammenblume (auch Staudenphlox oder kurz Phlox genannt) zählt zu den prächtigsten Farbgebern in jedem Garten. Er trägt Blüten von Juli bis September in Weiß, Rot, Purpur und Rosa. Die mehrjährige Staude wird bis zu 80 cm hoch.

Flammenblume

Duft

Staudenphlox verströmt ein sehr blumiges Aroma

Standort

Am besten gedeiht die Pflanze an einem sonnigen bis halbschattigen Standort auf nährstoffreichem, ruhig etwas schwererem Boden. Phlox braucht viel Platz.

Pflege

Gießen Sie Phlox möglichst von unten, sodass die Blüten und Blätter trocken bleiben. Das beugt Pilzerkrankungen vor. Im Spätherbst sollten Sie die Stauden kurz über dem Boden abschneiden.

Flieder

(Syringa vulgaris)

Dieser Blütenstrauch unterstreicht den Wonnemonat Mai mit seinem unvergleichlichen Duft. Er trägt dicke Blütendolden in Weiß, Violett oder Purpur. Der Strauch kann bis zu 6 m hoch werden. Flieder gibt es mittlerweile auch in Form von kultivierten Hochstämmchen als Kübelpflanze für Balkon und Terrasse.

Duft

Die Duftnote von Flieder ist intensiv blumig-schwer.

Flieder

Standort

Flieder gedeiht sowohl in sonniger als auch in halbschattiger Lage. Der Strauch ist winterhart. Bei Kübelpflanzen sollten Sie den Wurzelballen vor Frost schützen, indem Sie ihn mit Nadelzweigen oder Stroh abdecken.

Pflege

Junge Sträucher sollten Sie in der ersten Zeit ins Gießprogramm mit einschließen. Ansonsten benötigt Flieder, der ausgepflanzt ist, nicht viel Pflege. Flieder in Kübeln wird normal gegossen und gedüngt. Nach der Blüte sollten Sie die abgeblühten Teile entfernen.

Indianernessel
(Monarda)

Diese sehr auffällige, etwas lustig aussehende Staudenblume kommt aus Nordamerika. Die ursprüngliche Originalpflanze zählt eigentlich zu den Kräuterpflanzen. Diese sind vorwiegend in Kräuter-Spezialgärtnereien erhältlich. Die neuen bunten Züchtungen dienen nur dem Ziergarten. Die vierkantigen Stängel können je nach Sorte zwischen 80 und 140 cm hoch werden. Es gibt sie in verschiedenen Rottönen bis hin zu Rosa und Weiß.

Duft
Eine herb-würzig duftende Blume.

Indianernessel

Standort
Die Indianernessel blüht von Juni bis Oktober. Wie die meisten Sommerblumen bevorzugt sie einen sonnigen Platz. Sie gedeiht sowohl auf etwas feuchterem wie auch auf trockenem Boden.

Pflege
Bei Bedarf ist die Pflanze zu gießen, außerdem einmal wöchentlich etwas zu düngen. Die Vermehrung geschieht durch Wurzelausläufer oder durch Teilung der Staude.

Iris reticulata
(Iridaceae)

Diese Zwiebelblume zeigt sich schon sehr früh im Jahr. Sie wird etwa 8 bis 10 cm hoch und blüht im Februar/März. Die Blüten der Sorte "Violett Beauty" sind dunkelblau mit gelben Honigmarken.

Duft
Sie durchflutet die Frühjahrsluft mit einer frisch-blumigen Note.

Standort
In sonniger und warmer Südlage gedeiht sie am besten. Zudem bevorzugt sie einen eher kalkhaltigen Boden.

Iris "Violett Beauty"

Pflege
Während des Wachstums braucht die Iris Feuchtigkeit. Nach der Blüte sollten Sie die Zwiebeln trocken halten.

Jasmin
(Jasminum)

Bei Jasmin gibt es viele verschiedene Sorten, die fast alle einen intensiven Duft verströmen. Die immergrüne Kletterpflanze eignet sich hervorragend für Spaliere, Pergolen & Co. Achten Sie aber darauf, dass die Pflanze transportabel bleibt, da sie überwintert werden muss. Die Blüten sind weiß bis gelblich und zeigen sich von Mai bis August zwischen den grünen Blättern.

Standort

Jasmin gefällt es in sonniger Lage am besten. Die immergrünen Sorten vertragen keinen Frost und müssen im Winter ins Haus oder in einen Wintergarten geholt werden.

Pflege

Jasmin ist relativ anspruchslos. Wegen seines raschen und üppigen Wachstums benötigt die Pflanze viel Wasser. Alle 14 Tage düngen reicht aus, um ihn mit allen notwendigen, wachstumsfördernden Stoffen zu versorgen. Untersuchen Sie ihn regelmäßig nach Läusen und Spinnmilben. Nach der Blüte sollte er zurückgeschnitten werden. Zum Überwintern stellen Sie Jasmin in einen hellen, kühlen Raum mit etwa 6 °C. Dunkelheit und zu viel Wärme lassen neu angesetzte Blüten absterben. Dadurch geht die Frühjahrsblüte verloren. Während der Winterruhe nur mäßig gießen.

Jasmin

Kerzenstrauch

(Senna didymobotrya)

Der Kerzenstrauch gehört zu den weltweit verbreitetsten Blütensträuchern mit ganz unterschiedlichen Wachstumsformen. Mit ihren gefiederten Blättern und meist ausgefallenen Blütenformen zählt der Kerzenstrauch zu den auffälligsten Erscheinungen unter den Duftpflanzen. Die Blüten können bis zu 35 cm hoch werden.

Duft

Auch der Duft dieser Pflanze ist sehr ausgefallen. Sie duftet nämlich nach Erdnussbutter.

Tipp

Wenn Sie Jasmin im Wintergarten unterbringen, können Sie das ganze Jahr über den betörenden Duft dieser Pflanze genießen.

Kerzenstrauch

Standort

Der Kerzenstrauch mag es sonnig. Zum Überwintern bevorzugt er ein Plätzchen in einem warmen Wintergarten. Ohne Wintergarten sollte die Pflanze hell bei mindestens 10 °C überwintert werden.

Pflege

In den Sommermonaten im Freien ist die Pflanze nach Bedarf zu gießen und alle 14 Tage zu düngen. Im Winter weniger gießen.

Krokus

Krokus

(Crocus)

Dieses Schwertliliengewächs kommt überwiegend aus dem Mittelmeerraum. Die mehrjährige, knollenbildende Pflanze hat trichterförmige Blüten, die sich unbeirrt von Schnee und Kälte bei den ersten Sonnenstrahlen im Frühjahr in den schönsten Farben präsentieren. Es gibt aber auch Krokusse, die erst im Herbst blühen.

Duft

Die meisten Wildkrokusse duften intensiv blumig.

Standort

Sie bevorzugen sonnige Lagen und können sowohl im Rasen als auch in Rabatten oder unter Gehölze gepflanzt werden.

Pflege

Die Zwiebeln von Frühjahrskrokussen werden im September gesetzt, diejenigen von Herbstblühern von Juli bis August. Die meisten Krokusse vermehren sich durch Knollenbildung und Samen. Die Blätter sollten nicht gemäht werden. Also Vorsicht bei Krokussen im Rasen.

Lilie

(Lilium)

Lilien sind winterharte und mehrjährig blühende Zwiebelblumen. Es gibt viele verschiedene Arten in fast allen Blütenfarben, außer in Schwarz und Blau. Die Blüten sind trompeten- oder schalenförmig; sie bilden sich stehend bis hängend aus. Lilien eignen sich als Schnittblumen. Beim Abschneiden ist darauf zu achten, dass Sie nicht zu viele Blätter mit abschneiden, sonst wird die Pflanze zu sehr geschwächt.

Lilie

Duft

Lilien duften stark blumig. Der Duft wird gegen Abend intensiver.

Standort

Die meisten Arten mögen es sonnig. Der Boden sollte nicht zu sauer sein. Lilien lassen sich auch gut in Tröge pflanzen.

Pflege

Während der Wachstumsphase sollten Sie Lilien, auch die, die im Beet gepflanzt sind, gießen und düngen. Die beste Pflanzzeit ist der Herbst.

Linde

(Tilia cordata)

Neben den klassischen Obstbäumen wie Apfel, Kirsche und Birne sollte der Lindenbaum – falls genügend Platz vorhanden ist – wegen seiner auffallenden Blüh- und Duftkraft im Garten nicht fehlen.

Tipp

Aus der Lindenblüte lässt sich köstlicher Tee zubereiten.

Lindenblüte

Duft
Von Juni bis Juli lockt die Linde mit ihrem süßlich-honigartigen Duft unzählige Bienen an.

Standort
Der Baum ist ziemlich anspruchslos und gedeiht überall. Allerdings ist zu berücksichtigen, dass Linden bis zu 25 m hoch und sehr ausladend werden können.

Pflege
Nach dem Einpflanzen sollten Sie den Baum zunächst noch gießen. Später passt er sich dem Kreislauf der Natur gut an.

Nachtjasmin
(Cestrum nocturnum)

Die aus Südamerika stammende Strauchpflanze wächst rasch und trägt viele kleine, trichterförmige, weiße Blüten.

Duft
Die Blüten duften abends und nachts intensiv blumig.

Standort
Nachtjasmin gedeiht auch an halbschattigen Plätzen. Der Strauch kann während des Sommers ausgepflanzt werden. Nach dem ersten Frost sollte er wieder in ein großes Tongefäß gesetzt und kühl, dunkel und fast trocken überwintert werden.

Pflege
Die Pflanze benötigt viel Wasser und ausreichend Dünger. Vor dem Einräumen ins Winterquartier ist der Nachtjasmin kräftig zurückzuschneiden.

Nachtjasmin

Narzisse

Narzisse
(Narcissus)

Es gibt etwa 30 verschiedene Arten dieser in Mittel- und Südeuropa beheimateten Zwiebelblume. Sie zieren in leuchtenden Gelbtönen oder in Weiß-Gelb im Frühjahr die Blumenbeete. Einmal ausgesät, vermehren sie sich unter guten Bedingungen von selbst und bilden im Laufe der Zeit größere Horste.

Duft
Diese Frühlingsboten füllen die Luft mit einem frischen, blumigen Aroma.

Tipp

Winterharte Arten können im Beet überwintern. Von frostempfindlichen Arten graben Sie die Zwiebeln lieber vor dem Winter aus und lagern sie dunkel im Haus. Sie werden dann nach dem letzten Frost im Frühjahr wieder in die Erde gesetzt.

Standort

Narzissen mögen es möglichst sonnig, dazu einen gut durchlässigen, während des Wachstums nicht zu trockenen Boden.

Pflege

Während der Wachstumsphase sollten Sie die Narzissen gießen. Später soll die Erde nicht zu feucht sein, da sonst die Zwiebeln leicht verfaulen könnten. Neue Zwiebeln werden im August und September gesetzt.

Oleander

(Nerium oleander)

Diese mediterrane Pflanze kann in unseren Breitengraden nur als Kübelpflanze gehalten werden. In südlichen Ländern wächst Oleander auch wild. Häufig sieht man ihn am Straßenrand. Oleander gibt es in Weiß, Apricot, Lachs, Gelb und in vielen Rosa- und Rotschattierungen bis hin zu Dunkelrot. Die Blüten sind entweder einfach, doppelt oder gefüllt. Sie haben einen Durchmesser von 3 bis 7 cm. Ist der Sommer hierzulande sehr warm und sonnig, zeigt sich Oleander mit einer üppigen Blütenpracht von Mai bis Oktober.

Duft

Gefüllte Blüten duften meist intensiver. Die "Splendens Giganteum" duftet sehr intensiv süßlich-blumig.

Oleander

Standort

Je mehr Sonne Oleander abbekommt, umso besser. Er sollte auf jeden Fall vor zu viel Regen geschützt werden. Gefüllte Blüten sind besonders gefährdet, da sie dem Regen eine größere Angriffsfläche bieten und dadurch leicht Schaden nehmen können.

Pflege

Die ansonsten robuste Pflanze sollte gut gegossen und regelmäßig gedüngt werden. Leichter Frost macht ihr nichts. Bei Nächten ab –10 °C muss Oleander jedoch ins Haus. In hellen oder dunklen Räumen bei einer Temperatur von 0 bis 7 °C fühlt sich die Pflanze wohl. Im Winter mäßig gießen. Bei Pflanzen, die wenig Bodentriebe haben, können Sie in den ersten Jahren jeweils einen Trieb bis auf 10 cm über der Erde zurückschneiden. Dadurch erhalten Sie im Laufe der Jahre eine Pflanze mit vielen Trieben und Blüten.

Tipp

Oleander ist giftig. Daher sollten Sie nach jeder Berührung, beispielsweise nach dem Schneiden oder Umtopfen, die Hände gründlich waschen.

Tipp

Beim Kauf sollten Sie auf die Anzahl der Triebe, die von der Basis ausgehen, achten. Diese sind nämlich für die Blütenstände zuständig. Je mehr Triebe also eine Pflanze hat, um so besser und wertvoller – sprich auch teurer – ist sie.

Duftpelargonie

Duftpelargonie

(Pelargonium)

Die Duftpelargonie, auch als Duftgeranie bekannt, gehört zu der Familie der Storchschnabelgewächse. Dabei lenkt die Pflanze weniger wegen ihrer Blüten, sondern vielmehr wegen ihrer vielen verschiedenen und sehr intensiven Düfte die Aufmerksamkeit auf sich. Trotzdem ist die Duftpelargonie mit ihren zum Teil zarten, zum Teil zweifarbigen Blüten und Blattzeichnungen eine auffallende Erscheinung.

Duft

Wohlriechende Pelargonien gibt es in folgenden Hauptdüften: Pfefferminze, Rosenduft und Zitrone. Daneben gibt es auch Sorten, bei denen sich Düfte wie Erdbeere, Pfirsich, Apfel, Mandel, Kokosnuss, Fichte, Kiefer, Pfeffer und vieles mehr erahnen lassen.

Standort

Da Pelargonien nicht winterhart sind, eignen sie sich eher für die Bepflanzung von Kästen und Pflanztrögen. Volle Sonneneinstrahlung bekommt dabei den großblättrigen Sorten nicht so gut. Sie bevorzugen ein halbschattiges Plätzchen. Sie können Pelargonien aber auch ins Blumenbeet pflanzen. Von dort müssen die Pflanzen im Herbst allerdings entfernt und ins Haus geholt werden. Sie können dann an Fenstern, an denen es nicht zu kalt wird, überwintern und über die tristen Wintermonate mit ihrem Duft und den immergrünen Blättern viel Freude schenken.

Tipp

Gelbe und abgefallene Blätter nicht wegwerfen. Sie erfüllen noch gute Dienste als Beigabe für ein Duftpotpourri.

Pflege
Die Pflanze ist nicht sehr anspruchsvoll. Regelmäßig gießen und düngen sowie die welken Blüten abzupfen, das genügt. Je größer die Blätter, um so mehr Wasser benötigt sie, da die Pflanze dadurch mehr Wasser verdunstet. Nach einem Rückschnitt treiben sie aus den Seitenachseln wieder kräftig aus. Vermehren lassen sich die wohlriechenden Pelargonien durch Stecklinge oder Samen. Vor dem Überwintern sollten die Pflanzen zurückgeschnitten werden.

Pfingstrose
(Paeonia)

Die Blütezeit der Pfingstrosen ist im Juni/Juli. Eine gute Pflege und einen optimalen Standort dankt sie mit jahrelanger Treue. Die Stauden können bis zu 15 Jahre alt werden und eine Höhe von bis zu 1 m erreichen. Die großen, kugelförmigen Blüten gibt es in Weiß über

Pfingstrose

Lachs bis hin zu allen möglichen Rottönen, ebenso auch zweifarbig.

Duft
Pfingstrosen locken mit einem blumigen, zum Teil leicht süßlichen Duft zur „Schnupperparade“ in den Garten.

Standort
Ein sonniger Standort wird von der Pfingstrose bevorzugt. Der Boden sollte tiefgründig und nährstoffreich sein und nie ganz austrocknen.

Pflege
Sie möchte zwischendurch gedüngt und im Frühjahr und Herbst mit Kompost versorgt werden. Im Winter können Sie die Pflanze gegen Frost mit Tannenzweigen abdecken.

Rose
(Rosa)

Die Königin der Blumen darf in keinem Duftgarten fehlen, wobei zugleich gesagt werden muss, dass nicht jede Rosensorte gleich intensiv duftet. So verbreiten zum Beispiel üppig blühende Kletterrosen sparsamer ihren Duft als traditionelle, alte Rosensorten, wie sie bereits seit dem 19. Jahrhundert bekannt sind und zur Gewinnung des kostbaren Rosenöls verwendet werden. Rosen gibt es in verschiedenen Arten: von Zwerg- und kleinen Topfrosen über bodendeckende Sorten bis hin zu einmal oder öfter blühenden Strauchrosen, edlen Langstiel- und üppigen Kletterrosen.

Rose

Duft
Neben dem typischen Rosenduft können sie auch nach Veilchen, Maiglöckchen oder Apfel riechen.

Standort
Rosen eignen sich für die Beetbepflanzung ebenso wie für Pflanztröge. Diese sollten dann aber für die Wurzeln genügend hoch sein. Rosen bevorzugen einen etwas geschützten, sonnigen bis halbschattigen Platz. Der Boden sollte tiefgründig, lehmig-kalkhaltig und nährstoffreich sein.

Pflege
Rosen brauchen ausreichend Wasser. Vermeiden Sie jedoch unbedingt Staunässe. Zum Düngen verwenden Sie am besten speziellen Rosendünger oder gut abgelagerten Pferdemist. Achten Sie verstärkt auf Schädlings- und Pilzbefall. Zum Überwintern müssen Rosenstöcke unbedingt warm eingepackt werden. Über Hochstämmchen stülpen Sie am besten einen Jutesack und umwickeln den Stamm mit Tannenzweigen. Hecken- und Kletterrosen decken Sie ebenfalls mit Tannenzweigen ab. Manche Rosensorten benötigen einen regelmäßigen Rückschnitt (vgl. Seite 41). Wildrosen und einmal blühende Strauchrosen hingegen dürfen nicht zu oft geschnitten werden.

Schmetterlingsstrauch

Schmetterlingsstrauch
(Buddleja alternifolia, B. davidii)

Dieser Gartenstrauch blüht unermüdlich von Juni bis Oktober. Sein Duft lockt zahlreiche Schmetterlinge an. Je nach Sorte kann der Strauch zwischen 2 und 5 m hoch werden. Er trägt längliche Blütenstände in Weiß, Lila oder Purpurlila.

Duft
Der Schmetterlingsstrauch versprüht einen süßlichen Duft.

Standort
Der Schmetterlingsstrauch bevorzugt sonnige Lagen und einen mittleren bis schweren Boden.

Pflege
Den Schmetterlingsstrauch muss man einmal jährlich im Frühjahr zurückschneiden. Ansonsten bedarf er keiner besonderen Pflege.

Sonnenhut
(Echinacea purpurea)

Diese Staudenblume hat wenig verzweigte, sehr gerade Blütenstängel, die zwischen 50 und 100 cm hoch werden. Ihre Blütezeit dauert von Juli bis Okto-

Sonnenhut

ber. Die auffallend leuchtenden Blüten in Purpur bilden einen hübschen Farbklecks zwischen den grünen länglichen Blättern.

Duft
Die Blüten verströmen einen intensiven fruchtig-blumigen Geruch.

Standort
Ideal ist ein sonniger bis halbschattiger Platz in einer Rabatte mit frischem, nährstoffreichem Boden.

Pflege
Wenn es sehr trocken ist, sollte die Staude gegossen werden. Durch Aussaat von Samen oder durch Teilung wird diese Blume vermehrt.

Stiefmütterchen
(Viola tricolor)

Stiefmütterchen

Stiefmütterchen sind eine der vielen verschiedenen Veilchenarten, die es gibt. Die kleinwüchsige Blume trägt einzeln stehende zweifarbige Blüten. Sie werden gerne als Farbtupfer bei Frühjahrsanpflanzungen verwendet. Es gibt sie als ein- oder zweijährige Pflanzen. Wenn Sie Setzlinge in der Gärtnerei kaufen, können Sie sich bereits ab Februar/März an der üppigen Blüte erfreuen. Selbst gesäte Stiefmütterchen treiben erst später aus. Die Blütezeit kann bis in den Sommer reichen.

Tipp

Ein besonders intensives Aroma verströmen die einfarbig violetten Duftveilchen.

Duft
Stiefmütterchen duften nach Veilchen.

Standort
Ein sonniger Platz begünstigt ihre Blüte.

Pflege
Während der Blüte regelmäßig gießen und düngen.

Taglilie

(Hemerocallis citrina, H. minor)

Diese horstbildende Staudenblume hat einen kurzen Wurzelstock mit dicken, fleischigen Wurzeln. Die trichterförmigen Blüten blühen meist nur einen Tag. Die Blüten öffnen sich aber nacheinander, so dass die Blütezeit (Juli bis August) einer Staude mehrere Wochen anhält. Staudenhöhe: bis zu 1 m.

Duft

Sie verbreiten einen blumig-süßen Duft im Garten.

Standort

Taglilien mögen es sonnig bis halbschattig. Im Schatten blühen sie jedoch weniger. Der Boden sollte nährstoffreich sein.

Taglilie

Pflege

Während längerer Trockenperioden gießen und regelmäßig düngen. Indem Sie Stauden einfach teilen, können Sie Taglilien vermehren.

Tempelblume

(Plumeria)

Diese exotische Pflanze gibt es als kleine Bäumchen oder dicktriebige Sträucher, die nur an den Spitzen belaubt sind. Der dicke Hauptstamm, an dessen Spitzen Blätter und Blüten sitzen, wächst meist gebogen. Neben weißen Blüten gibt es auch gelbe, rote, rosa- oder purpurfarbene. 80 Prozent der berühmten Blütengirlanden auf Hawaii werden aus der Tempelblume gebunden.

Duft

Die Tempelblume geizt nicht mit ihrem sehr intensiven Duft nach Marzipan und Kokosnuss.

Standort

Die aus den Tropen kommende Pflanze mag es sehr sonnig und warm. Am besten gönnen Sie ihr ein vor Regen und Wind geschütztes Plätzchen auf einer Terrasse. Sie verträgt überhaupt keinen Frost. Überwintern Sie diese kostbare Pflanze hell und

Tempelblume

warm bei 10 bis 20 °C. Der idealste Standort hierfür ist ein beheizter Wintergarten. Wenn die Tempelblume warm genug steht, blüht sie das ganze Jahr.

Pflege

Mäßig mit kalkfreiem Wasser bzw. Regenwasser gießen. Staunässe vermeiden und wenig düngen.

Tulpe

(Tulipa)

Diese beliebte Frühlingsblume präsentiert sich mit leuchtenden Farben von Februar bis Mai. Die aufrechten Blüten reichen von nach oben spitz zulaufenden, abgerundeten bis hin zu gefüllten und fedrigen Formen. Die Pflanzzeit für die Zwiebeln ist im Oktober. Nach der Blüte sollten Sie Tulpen einziehen lassen, bis das

Laub welk wird, und dann aus dem Boden nehmen. Die Zwiebeln lagert man den Sommer über trocken und kühl. Erst im Herbst pflanzt man sie wieder in die Erde.

Duft
Die Blüten verleihen der Frühlingsluft einen blumigen Wohlgeruch.

Standort
Tulpen gedeihen in sonniger bis halbschattiger Lage. Sie eignen sich zur Bepflanzung von Beeten ebenso wie zur Bepflanzung von Pflanztrögen.

Tulpe

Pflege
Während des Wachstums mäßig gießen. Im Sommer darf der Boden nicht zu feucht sein, da die Zwiebeln sonst faulen könnten. Nach der Blüte sollten die Blätter mindestens bis Juni/Juli stehen bleiben. Dies fördert das Wachstum der Zwiebeln. Anschließend sind die Zwiebeln auszugraben. Nach der Lagerung (kühl und trocken) sind sie im Herbst wieder in den Boden zu setzen. Tulpen sollten immer nur zwei Jahre lang am selben Platz stehen, dann ist die Pflanzstelle zu wechseln. Nach der Pflanzung gibt man am besten eine Schicht beispielsweise von Torfmull über die Pflanzstellen, damit die warme Herbstsonne die Zwiebeln nicht zum verfrühten Austrieb verleitet.

Vanilleblume
(Heliotropium)

Dieses Borretschgewächs kommt ursprünglich aus Peru. Es wächst dort halbstrauchartig. Bei uns gibt es die Vanilleblume als Hochstämmchen oder als niedrige Pflanzen, die Ende Mai auch ins Blumenbeet gesetzt werden können. Die immergrüne Pflanze hat olivgrüne, raue Blätter. Die Blütendolden bestehen aus vielen kleinen, violettfarbenen Blütenständen. Werden die verwelkten Blütenwickel entfernt, beschleunigt dies die Entwicklung von neuen blütentragenden Seitentrieben. Blütezeit: Juli bis September.

Duft
Die Vanilleblume duftet, wie der Name schon sagt, intensiv nach Vanille.

Standort
Vanilleblumen gedeihen an sonnigen, windgeschützten Plätzen am besten. Doch auch halbschattige Standorte schaden ihrer üppigen Blütenfülle nicht.

Pflege
Täglich gießen und wöchentlich einmal düngen. An heißen Tagen braucht die Pflanze mehr Wasser als sonst. Achten Sie darauf, dass sie niemals ganz austrocknet. Verwelkte Blüten sind zu

Tipp
Je nach Wuchsform lässt sich die Vanilleblume ebenso in Kästen oder Ampeln einpflanzen und mit anderen Blumen kombinieren.

Vanilleblume

entfernen. Kübelpflanzen lassen sich bei etwa 10 °C in hellen Räumen überwintern. Dabei wenig gießen, eher trocken halten.

Wandelröschen

(Lantana)

Dieser Strauch blüht in voller Sonne unermüdlich. Er trägt viele kleine Blüten, die sich aus röhrenförmigen Blütenständen zusammensetzen. Das Wandelröschen blüht in vielen Farben, beispielsweise in Orange, Rosa, Gelb und Weiß. Pflanzen, die in der Knospe pinkfarbig sind, verwandeln sich später in ein Feuerrot oder Lila. Nur wenige Sorten sind farbstabil.

Duft

Die Lantana geizt nicht mit ihrem intensiv-süßlichen Duft.

Standort

Am liebsten steht die Pflanze in der vollen Sonne. Dabei kann sie direkt ins Beet oder in Pflanzkübel gesetzt werden.

Wandelröschen

Tipp

Wandelröschen lassen sich auch zu Hochstämmchen ziehen. Hierfür müssen sie aber regelmäßig in Form geschnitten werden.

Pflege

Mäßig gießen und düngen bekommt der Pflanze am besten. Wenn der Strauch zu groß wird, schneiden Sie ihn einfach beliebig zurück. Wandelröschen können bei etwa 5 °C in hellen Räumen überwintern. Im Frühjahr erhalten sie einen Rückschnitt.

Ziertabak

(Nicotiana)

Ziertabak wächst halbstrauchartig, er wird zwischen 50 und 100 cm hoch und trägt viele sternförmige Blüten von Juli bis Oktober. In unseren Breitengraden wird Ziertabak einjährig gezogen.

Duft

Diese Pflanze verströmt nachts ihren blumig-süßen Duft.

Standort

Ziertabak steht am liebsten in der prallen Sonne.

Ziertabak

Pflege

Die sonnenhungrige Pflanze braucht sehr viel Wasser. Einmal in der Woche darf sie gedüngt werden. Verwelkte Blüten sollten Sie regelmäßig entfernen, das regt die Bildung neuer Blüten an.

Zitruspflanze

(Citrus)

Mittlerweile sind fast alle Zitruspflanzen in Form von kleinen, freistehenden Bäumchen oder Spalierbäumen zu bekommen. Ob Zitrone, Mandarine, Grapefruit oder Orange – sie alle erfreuen mit immergrünen, glänzenden Blättern. Oft tragen sie Blüten und Früchte zur gleichen Zeit. Bei Neuaustrieb kommen vor den Blättern die Blüten. Pflanzen, die nicht geschnitten werden, bilden zahl-

Frucht und Blüte an einem Zweig

Tipp

Wird ein Zitrusbäumchen zu groß, kann man es bis ans Holz zurückschneiden.

reichere Blüten als geschnittene. Zitruspflanzen eignen sich allerdings nur als Kübelpflanzen, da sie kälteempfindlich sind und im Haus überwintern müssen.

Duft

Die Blüten duften stark aromatisch nach der jeweiligen Frucht, die sie tragen.

Standort

Zitruspflanzen mögen es vollsonnig. Da sie keine Staunässe vertragen, sollten sie vor Regen geschützt stehen. Das Winterquartier sollte hell und kühl sein und die Temperaturen sollten zwischen 5 und 11 °C betragen. Wird es der Pflanze zu warm, verliert sie ihre Blätter. Das macht sie unansehnlich. Es dauert im Frühjahr länger, bis sie wieder ihre volle Pracht entwickelt hat.

Pflege

Zitruspflanzen mögen kein kalkhaltiges Wasser. Beim Gießen ist darauf zu achten, dass keine Staunässe entsteht. Lieber gießen Sie nur alle zwei bis drei Tage und nässen dabei die Pflanze gut durch. Etwa alle 10 Tage ist zu düngen. Im Winter sollten Sie die Pflanzen fast trocken halten.

Kräuter – duftend und dekorativ

Neben Blumen bringen auch Kräuter ein wohlriechendes Aroma und eine hübsche Blütenpracht in Ihren Duftgarten.

Basilikum

(Ocimum basilicum)

Basilikum gibt es mit grünen oder rötlichen bis ins Violett gehenden Blättern. Die Blüten der einjährigen Pflanze sind weiß bis weißrosa. Das Kraut wird zwischen 15 und 60 cm hoch.

Basilikum

Duft

Basilikum duftet würzig-herb. Es gibt auch Sorten mit Zitronenaroma.

Standort

Wenn möglich, sollte diese Pflanze sehr sonnig stehen. In kühlen, verregneten Sommern neigt sie dazu, zu verkümmern. Sie sollten Basilikum deshalb bei lang anhaltendem Schlechtwetter in Töpfe umpflanzen und auf die Fensterbank in die Wohnung stellen. Ab April/Mai wird Basilikum in Töpfchen ausgesät. Der Samen benötigt eine Temperatur über 20 °C und etwa 7 Tage, bis er keimt. Pro Topf verteilen Sie etwa 10 Körner und drücken sie fest. Der Samen darf jedoch nicht mit Erde bedeckt werden. Sobald es ab Mai/Juni wärmer wird, können die Jungpflanzen mit einem Abstand von etwa 20 bis 30 cm ins Freie gesetzt werden.

Pflege

Basilikum verträgt keine Staunässe. Deshalb nur mäßig gießen und alle zwei Wochen düngen.

Tipp

Bei Basilikum die Mittelspitze herausbrechen. Dadurch verzweigt sich das Kraut besser.

Borretsch

(Borago officinalis)

Borretsch gehört zu den Raublattgewächsen. Die Pflanze verzweigt sich sehr breit und wird bis zu 80 cm hoch. Die kleinen blauen Blüten zeigen sich den ganzen Sommer über. Das Gewächs passt deshalb als dekorative Zwischenpflanze gut in den Duftgarten. Borretsch ist zudem ein wichtiger Nahrungsgeber für Bienen.

Borretsch

Tipp

Die blauen Blüten können verzehrt werden. Außerdem eignen sie sich bestens zum Dekorieren von Salaten und anderen Speisen.

Duft

Borretsch versprüht ein fruchtig-frisches Aroma.

Standort

Dieses wüchsige Kraut ist sehr anspruchslos und fühlt sich in sonnigen bis halbschattigen Lagen wohl. Lässt man ihm genügend Platz auf einem nährstoffreichen, feuchten Humusboden, wuchert es wie Unkraut und sät sich selbst aus.

Pflege

Falls Borretsch zu groß und dicht wird, sollte er etwas zurückgeschnitten werden. Bei zu dichten Pflanzen nisten sich gerne Blattläuse ein. Auch Mehltau befällt ihn dann gerne.

Fenchelkraut

(Foeniculum vulgare)

Diese Kräuterpflanze gehört zur Familie der Doldenblütler. An hohen, gerillten Stängeln bilden sich sehr feine, gefiederte Blätter. Der Tee- und Gewürzfenchel

Fenchelkraut und Schafgarbe

kann bis zu 2 m hoch werden. Von Juli bis September bilden sich am Fenchel große gelbe Dolden. Diese bestehen aus vielen kleinen Einzelblüten.

Duft

Fenchel duftet süß-würzig.

Standort

Fenchel bevorzugt feuchten, nährstoffreichen Boden und einen sonnigen Platz.

Pflege

Die mehrjährige Kräuterpflanze ist sehr anspruchslos. Sie können Fenchel als Jungpflanze kaufen

Tipp

Nach dem Heranreifen des Samens können Sie die braunen Dolden abschneiden, zu Sträußen binden und kopfüber aufhängen.

oder selbst ziehen. Hierfür säen Sie im Mai den Samen in ein Freilandbeet. Die jungen Pflanzen werden über den darauf folgenden Winter mit Nadelzweigen vor Frost geschützt. Im nächsten Frühling können Sie dann die Pflanzen bei Bedarf umsetzen.

Kamille

(Chamomilla recutita)

Die Kamille ist eine stark verzweigte Pflanze mit gefiederten Blättern. Sie blüht von Juni bis September. Die Echte Kamille ist an den hängenden weißen Blütenblättern zu erkennen. Sie wird bis zu 50 cm hoch.

Duft

Ein typisch frischer Kamillenduft.

Standort

An einem sonnigen Plätzchen und auf leicht lehmigen, humusreichen Böden gedeiht die Kamille sehr gut.

Kamille

Kapuzinerkresse

Pflege

Regelmäßig gießen und bei zu dichtem Wuchs auslichten.

Tipp

Die Blütenköpfchen können Sie bei trockenem Wetter vorsichtig absammeln, trocknen und anschließend in einer Schale als duftende Dekoration in der Wohnung aufstellen.

Kapuzinerkresse

(Tropaeolum majus)

Die Kapuzinerkresse ist eine typische Pflanze aus dem Bauerngarten. Sie ist seit dem 16. Jahrhundert bekannt und hat sich in ganz Europa verbreitet. Sie stammt ursprünglich aus Südamerika, wo heute 80 verschiedene Arten beheimatet sind. Mit dieser Kletterpflanze lassen sich Zäune und Spalierwände hübsch begrünen. Sie eignet sich aber auch zur Unterpflanzung von Bäumen. Die

Tipp

Durch zu viel Nährstoff bildet die Pflanze verstärkt grüne Blätter anstelle leuchtender Blüten.

Blütenfarben reichen von Gelb über Orange bis hin zu einem kräftigen Rot.

Duft
Frischer, würziger Duft.

Standort
Am besten gedeiht die Kapuzinerkresse in vollsonnigen Lagen. Gut durchlässiger und ein nicht zu nährstoffreicher Boden sorgen für einen üppigen Wuchs.

Pflege
Die Pflanze ist normal zu gießen, nicht zu feucht zu halten und alle zwei Monate zu düngen. Erdflöhe, Blattläuse und Kohlweißlingsraupen sind die Hauptfeinde. Kapuzinerkresse können Sie direkt ab April/Mai aussäen. In ungeschützten Lagen ist sie anfangs mit Folie abzudecken.

Lavendel
(Lavandula)

Lavendel

Die Heimat des Lavendels sind die Mittelmeerländer. Er gehört zu den Lippenblütlern. Typisch sind die schmalen, graugrünen Blätter und die duftend blauen Blütenähren, die von Juli bis September blühen und gerne von Bienen und Hummeln aufgesucht werden. Es gibt verschiedene Sorten, die sich in Wuchs und Blütenfarbe unterscheiden.

Duft
Frisch-würziger Duft.

Standort
Lavendel bevorzugt einen sonnigen Platz auf lockerem Boden, der einen guten Wasserabfluss gewährleistet.

Tipp

Lavendel zwischen Rosenstöcken gepflanzt, schützt die Rosen vor Blattläusen.

Pflege
Die Pflanze ist sehr genügsam und übersteht auch einmal eine Trockenperiode ohne Schaden. Nach der Blüte wird Lavendel bis zum vorjährigen Holz zurückgeschnitten. Im Winter sollten Sie ihn vor Frost schützen. Decken Sie ihn am besten mit Nadelzweigen ab. Lavendel wird durch Teilung der alten Pflanze vermehrt.

Pfefferminze
(Mentha x piperita)

Diese Staudenpflanze hat aromatische Blätter und Blüten in Weiß, Blau oder Rosa. Es gibt mittlerweile neben der altbekannten Pfefferminze einige Neuzüchtungen mit verschiedenen Duftrichtungen wie Apfel, Ananas und Orange. Alte Pflanzen können zwischen 60 und 80 cm hoch wachsen.

Pfefferminze mit Katzenminze

Tipp

Achten Sie bei der Standortwahl darauf, dass Minze ein flach verlaufendes und stark wachsendes Wurzelwerk hat und sich rasch ausbreitet.

Duft

Je nach Sorte verströmt die Minze einen fruchtigen Wohlgeruch.

Standort

Minze gedeiht in voller Sonne wie auch im Halbschatten. Sie bevorzugt humusreiche und feuchte Böden.

Pflege

Während Trockenperioden muss sie gegossen werden. Im Spätherbst wird sie zurückgeschnitten.

Rosmarin

(Rosmarinus officinalis)

Dieser immergrüne Strauch mit nadelförmigen Blättern bekommt Blüten in Lila, Rosa oder Weiß. Er wächst sehr langsam, kann aber nach ein paar Jahren in milden Winterlagen bis zu 80 cm hoch werden.

Duft

Rosmarin durchflutet die Luft mit einem würzig bis herb-würzigen Aroma.

Standort

Rosmarin mag keine Staunässe. Deshalb sollte der Boden gut wasserdurchlässig sein. Damit er seinen Wohlgeruch gut entfaltet, sollte er in voller Sonne und in geschützter Lage stehen.

Pflege

Während der Sommermonate ist Rosmarin sehr anspruchslos. Gießen müssen Sie ihn nur, wenn es über längere Zeit ausgesprochen trocken ist. Rosmarin verträgt keinen Frost und muss deshalb im Spätherbst in einen Topf umgepflanzt und in einem hellen Raum bei etwa 10 °C überwintert werden. In milderen Gegenden kann Rosmarin im Garten überwintern. Dann benötigt er aber einen Schutz aus Nadelholzzweigen.

Rosmarin

Salbei

(Salvia officinalis)

Salbei ist ein robuster Halbstrauch. Es gibt ihn mit zahlreichen Blatt- und Blütenformen. Er wird bis zu 60 cm hoch. Von Juni bis August trägt er zahlreiche lilafarbene Blüten.

Duft

Salbei duftet würzig.

Standort

Auch er mag es sonnig und möglichst windgeschützt. Leichte, trockene Böden bieten ihm einen guten Untergrund.

Pflege

Nur während Trockenperioden gießen. Ansonsten ist er sehr pflegeleicht. In rauen Gegenden sollte er im Winter mit Tannenzweigen oder Stroh abgedeckt werden. Ältere Pflanzen können Sie im Frühjahr zurückschneiden. Das regt den Neuaustrieb kräftig an.

Schafgarbe

(Achillea millefolium)

Diese Kräuterpflanze ist in ganz Europa beheimatet und wächst oftmals wild in Wiesen und an Wegrändern. Sie ist ein Korbblütler und treibt aus ihrem kriechenden Wurzelstock immer wieder neu aus. Von Juni bis September trägt sie weiße oder rosafarbene flache Blütenstände. Es gibt auch Neuzüchtungen mit gelben und roten Blüten.

Duft

Schafgarbe duftet fein-würzig bis leicht-herb.

Standort

Schafgarbe gedeiht auf jedem Boden. Nur Staunässe mag sie nicht. Das etwa 40 bis 60 cm hoch wachsende Kraut braucht viel Sonne (vgl. Abb. Seite 64).

Pflege

Schafgarbe ist sehr anspruchslos. Durch Wurzelteilung können Sie diese Pflanze selbst vermehren.

Thymian

(Thymus vulgaris)

Der Thymian ist ein Lippenblütler. An verzweigten, holzigen Stängeln wachsen kleine feste Blätter. Von Mai bis September ist der Halbstrauch mit weißen, rosa oder lilarosa Blüten übersät. Thymian bleibt auch im Winter grün. Er erreicht eine Größe von bis zu 40 cm.

Duft

Thymian versprüht bei Berührung eine kräftig würzige bis etwas herbe Note.

Standort

Viel Sonne und eine trockene, wasserdurchlässige Erde bieten ideale Voraussetzungen, um prächtig zu gedeihen.

Pflege

Thymian muss nur bei extremer Trockenheit gegossen werden. Ansonsten reicht ihm die vorhandene Feuchtigkeit im Boden.
Im Winter benötigt er einen Frostschutz, beispielsweise mit Stroh oder Nadelzweigen. Ein Schnitt im Frühjahr verhilft ihm zu kräftigen Neutrieben. Thymian selbst zu ziehen ist sehr mühsam. Deshalb lohnt es sich, kleine Pflanzen beim Gärtner zu kaufen. Neben dem traditionellen Gartenthymian gibt es auch eine Variante: den Zitronenthymian.

Zitronenmelisse

(Melissa officinalis)

Die Zitronenmelisse ist eine sehr stark wachsende, buschige Kräuterstaude. Sie erreicht eine Höhe von 50 bis 150 cm. Von Juli bis August trägt der Strauch an den

Zitronenmelisse

Blattachseln kleine weiße Blüten, die zahlreiche Insekten anlocken.

Duft

Die Melisse duftet aromatisch nach Zitrone.

Standort

Die Pflanze gedeiht am besten auf humusreichem, wasserdurchlässigem Boden in voller Sonne.

Pflege

Die Zitronenmelisse ist sehr anspruchslos. Wird sie zu groß, können Sie den Stock teilen und somit vermehren. Jungpflanzen erhalten Sie in Gärtnereien.

Tipp

Wenn die Pflanze einmal jährlich mit Kompost versorgt wird, kann sie mehrere Jahre an ein und derselben Stelle bleiben.

Gartenkalender
(von Peter Himmelhuber)

Gartenkalender

Duftgartenpflege rund ums Jahr

Die Aufgaben im Duftgarten gestalten sich so vielfältig wie die verschiedenen Pflanzen-Arten. Es gibt Sträucher mit duftenden Blüten, wie die Hamamelis, die ihren Flor schon im Winter entfaltet oder den Schmetterlingsflieder, dessen Blüten im Sommer nicht nur für Schmetterlinge attraktiv wirken. Dazu kommen duftende Rosen, Blütenstauden, Kräuter und Sommerblumen. Sie alle brauchen rund ums Jahr entsprechende Pflege. Der übersichtliche Kalender auf den folgenden Seiten zeigt alle Arbeiten, die in jedem einzelnen Monat anfallen.

Geißblatt

- Blütensträucher und -hecken bei mildem Wetter auslichten (z. B. Flieder)
- Planung neuer Beete und Pflanzungen mit duftenden Gewächsen
- Kataloge besorgen und Duftpflanzen auswählen
- Schon im Winter auf Schnupperpartie nach wohlriechenden Pflanzen gehen (Hamamelis, Winterschneeball, Seidelbast)

Januar

- Frostschutz kontrollieren (bei Rosen, Sommerflieder und anderen Duftpflanzen)
- Noch Frostschutz und Schattierung mit Fichtenreisig bei Edelrosen sowie Lavendel, Salbei und anderen nicht ganz winterharten Duftpflanzen
- Schutz vor Wintersonne bei Kletterrosen
- Duftende Kübelpflanzen im Winterquartier überprüfen und versorgen (z. B. Vanilleblumen, Akazien etc.)
- Duftpflanzen in der Wohnung hell stellen und ausreichend versorgen (Hyazinthen vortreiben, Citruspflanzen gießen)

Februar

- Frostschutz im Garten kontrollieren (bei Rosen, Sommerflieder, Kräutern etc.)
- Kletterrosen mit Strohmatten oder Fichtenreisig vor Wintersonne schattieren (insbesondere an Südwänden)
- Blütensträucher auslichten (nicht stutzen, sondern nur einige alte Äste am Boden entfernen)
- Flieder als Stämmchen erziehen
- Duftpflanzenbeete und Pflanzungen planen
- Kataloge sichten und Pflanzen bestellen

- Aussaat im Haus beginnen (Sommerblumen, Kräuter u.a.)
- Duftpelargonien zurückschneiden; Abschnitte für Stecklingsvermehrung nutzen
- Schnitt von Beetrosen, Strauchrosen und Kletterrosen ab Monatsende bei mildem Wetter
- Rückschnitt von Sommerflieder bei mildem Wetter

März

- Frostschutz bei mildem Wetter teilweise entfernen, zum Schutz vor Spätfrösten aber noch griffbereit halten

- Beetrosen rechtzeitig vor dem Austrieb zurück schneiden (im Herbst werden sie nur eingekürzt und ausgeputzt) und düngen
- Frostschäden behandeln (insbesondere bei Kletterrosen, Strauchrosen, Sommerflieder und anderen Duftgehölzen, die keinen Frostschutz hatten): schwarze Triebe zurückschneiden
- Duftende Stauden durch Teilung vermehren (z. B. Phlox)
- Bei mildem Wetter beginnt Pflanzzeit für alle Duftpflanzen-Arten (Bäume, Sträucher, Edelrosen, Stauden etc.)
- Aussaat von Sommerblumen im Freiland oder Vorkultur im Haus (Wicken, Nelken, Duftsteinrich etc.)
- Boden vor der Pflanzung tiefgründig lockern und verbessern (Aushuberde mit Kompost und Hornspänen verbessern)
- Umpflanzungen sind jetzt möglich, wenn die Duftpflanzen noch nicht zu alt sind (bis etwa 3 Jahre nach der Anpflanzung)
- Kräuter beipflanzen (Lavendel, Katzenminze und andere Arten)
- Zwiebelblumen im Rosenbeet nach der Blüte einziehen lassen

- Freiflächen im Rosenbeet und unter Duftgehölzen mit Rindenmulch auffüllen (mulchen)

April

- Frostschutz entfernen; auch angehäufelte Erde bei Edelrosen abräumen und im Beet verteilen.
- Auslichtungsschnitt bei Blütensträuchern rechtzeitig vor dem Austrieb vollenden (z. B. bei Sommerflieder, falschem Jasmin)
- Nur Frühblüher erst nach der Blütezeit schneiden, falls nötig (z. B. Forsythien)
- Rechtzeitig in Rosen- und Staudenbeeten hacken und jäten, sobald sich Unkrautkeimlinge zeigen; anschließend mulchen
- Noch ist Pflanzzeit für alle Duftpflanzen-Arten (Edelrosen etc.) mit losen Wurzeln oder mit Topfballen)
- Boden gründlich für Blumenbeete vorbereiten (tiefgründig lockern und mit Kompost verbessern)
- Bei mildem Wetter bereits Nelken, Goldlack, Levkojen und andere vorkultivierte Jungpflanzen ins Freiland setzen
- Hyazinthen und andere Zwiebelblumen einziehen lassen; falls nötig erst umpflanzen, wenn das Laub vertrocknet ist
- Wildzwiebeln im Boden lassen, nur Hybrid-Tulpen ausgraben und bis zum Herbst lagern
- Pflanzenschutz schon beim Austrieb vorsehen; Spritzmittel gegen Pilzkrankheiten etc. vorbereiten (vorzugsweise biologische Mittel z. B. Algenkalk)
- Schneckenbarrieren besonders bei jungen Staudenpflanzungen und bei Sommerblumen einsetzen.

Juni

- Noch ist Pflanzzeit für Blütensträucher im Container, auch für blühende Pflanzen
- Hauptblütezeit im Rosengarten; jetzt regelmäßig welke Blüten ausputzen.
- Buchs schneiden; einige Pflanzen frei wachsen lassen, damit sie blühen (duftende Blüten im Frühjahr)
- Gießen, hacken und mulchen im Rosenbeet, in Staudenrabatten und bei Sommerblumen

Mai

- Noch ist Pflanzzeit für Containerpflanzen (Rosen in Töpfen, Blütensträucher etc.)
- Kräuter pflanzen (frische Topfpflanzen im Garten „einstreuen")
- Duftpflanzen auch in Balkonkästen einsetzen (Kräuter etc.)
- Duftende Kletterpflanzen ans Haus setzen; neben Kletterosen auch Jelängerjelieber, Clematis montana "Rubens", Weinreben etc.
- Beim Duft nicht nur auf die Blüten achten, sondern auch auf die Blätter (z. B. duften bei Lavendel, Salbei und anderen auch die Blätter)
- Kübelpflanzen ausquartieren (Duftpelargonien, Vanilleblumen etc.)
- Kletterpflanzen am Spalier befestigen (z. B. mit Bast festbinden)
- Welke Blüten bei frühblühenden Duftsträuchern ausputzen (z. B. bei Fliederbüschen) und Samenentwicklung verhindern
- Jungpflanzen bei Trockenheit wässern
- Rechtzeitig Pflanzenschutz betreiben; dabei vorzugsweise biologische Mittel einsetzen (z. B. Blattläuse mit scharfem Wasserstrahl abspritzen); Lavendel gegen Blattläuse beipflanzen

Juli

- Sträucher- und Staudenpflanzung auch im Sommer mit Containerpflanzen (Sommerflieder, Duftrosen in Töpfen, Phlox etc.)
- Hohe Duftstauden vor Windwurf schützen (z. B. Phlox mit Staudenstützen versehen)
- Welke Blütenstände bei Edelrosen zurückschneiden (regt zu neuer Blütenbildung an und verhindert Fruchtansätze)
- Sichtungsgärten (auch Gartenschauen) besuchen und gute Sorten notieren
- Rosen veredeln (durch Okulation), insbesondere gute Duftsorten wie z. B. alte Sorten
- Bei Trockenheit ausreichend bewässern, vor allem Balkon- und Kübelpflanzen (evtl. Urlaubsvertretung organisieren)
- Jäten und mulchen auf freien Beetflächen
- Kletterpflanzen heften

- Beipflanzung von Kräutern ist noch möglich (Lavendel, Katzenminze, Wermut etc.)
- Kletterpflanzen heften
- Lindenblüten ernten und trocknen (auch andere Duftpflanzen konservieren)
- Ausschau nach neuen Sorten halten (in der Blütezeit Rosengärten besuchen); dabei auch den Duft beachten
- Nach der Blütezeit der Iris ist die Vermehrung durch Teilung möglich

- Pflanzenschutz vorzugsweise mit biologischen Mitteln und Methoden (z. B. Ausputzen von erkrankten Trieben und Blättern)
- Lavendelblüten für Trockensträuße und Duftkissen ernten

August

- Noch ist Pflanzzeit von Blütensträuchern, Duftrosen und Kräutern (Containerpflanzen)
- Gießen bei Trockenheit (evtl. Urlaubsvertretung organisieren)
- Evtl. Bewässerungssystem einrichten (z. B. Perlschlauch im Beet auslegen)
- Mulchen mit Rindenmulch (keine unbehandelte Baumrinde verwenden sondern nur fermentiertes Material)
- Rückschnitt welker Blütenstände
- Blüten für die Vase oder zum Trocknen schneiden; Kräuter zum Trocknen oder zum Einfrieren ernten
- Pflanzenschutz mit biologischen Mitteln (z. B. kranke Pflanzenteile abschneiden und vernichten)

- Duftpflanzen noch durch Stecklinge vermehren (z. B. Buchs)
- Rosengärten für Sortenwahl besuchen (auch auf Duft achten)

September

- Pflanzzeit für Containerpflanzen; ab Monatsende auch wieder für alle Duftgehölze und Stauden mit losen Wurzeln
- Günstige Zeit zum Umpflanzen, etwa um Duftpflanzen in Hausnähe zu setzen
- Immergrüne Pflanzen mit duftendem Blattwerk für das Winterhalbjahr einsetzen (Salbei, Buchs etc.)
- Zwiebeln mit duftenden Blüten für das Frühjahr pflanzen (Hyazinthen etc.)
- Blumenbeete bei Trockenheit noch gießen
- Samen von guten Sorten mit besonderem Duft ernten (z. B. Wicken)
- Frostschutz für empfindliche Duftpflanzen herrichten; bei

Nachtfrostgefahr Duftpelargonien, Vanilleblumen (Heliotrop) und andere rechtzeitig einräumen

- Samenstände und Fruchtstände bei Sommerflieder und Edelrosen zurückschneiden

Oktober

- Beste Pflanzzeit für alle Gehölze mit losen Wurzeln, einschließlich der Edelrosen
- Umgestaltung im Duftgarten mit Umpflanzarbeiten; alte Gehölze nicht menr umpflanzen!
- Frostschutz vorbereiten (Fichtenreisig besorgen, Laub sammeln)
- Rosmarin, Oleander, Myrthen und andere Kübelpflanzen einquartieren (möglichst hell und kühl platzieren)
- Falllaub im Rosenbeet entfernen und vernichten (nicht liegen lassen wegen Pilzinfektionsgefahr)
- Rosen, Sommerflieder und andere Duftpflanzen im Herbst nur ausputzen und einkürzen (Rückschnitt erfolgt erst im Spätwinter)
- Zwiebeln pflanzen für das Frühjahr (z. B. Hyazinthen)
- Wasserleitungen und frostempfindliche Wasserbecken leeren

November

- Noch ist Pflanzzeit für alle Bäume und Sträucher (bei frostfreiem Boden)
- Rosenstämmchen, Sommerflieder und andere frostempfindliche Duftsträucher einpacken (z. B. mit Holzwolle oder Stroh und Jute oder Fichtenreisig)
- Rosmarin, Oleander, Myrthen und andere Kübelpflanzen einquartieren (möglichst hell und kühl platzieren)

- Hyazinthen und andere Zwiebeln für das Frühjahr pflanzen, auch Wildarten zum verwildern lassen
- Frostgefährdete Wasserstellen und -leitungen leeren

Dezember

- Frostschutz kontrollieren, falls nötig noch anbringen
- Kübelpflanzen im Haus günstig platzieren (hell und kühl)
- Planung für das nächste Jahr beginnen
- Rasenstücke im Herbst umgraben, falls Neuanlage von Beeten geplant

- Kataloge anfordern und Sorten für Neupflanzungen auswählen (insbesondere duftende Rosenzüchtungen, duftende Sommerblumen etc.)
- Gartengeräte reparieren, reinigen und aufbewahren (Scheren schleifen)
- Neue Werkzeuge aussuchen und bestellen
- Sträucher mit duftenden Blüten wie Sommerflieder, Forsythien oder Geißblatt durch Steckhölzchen vermehren (etwa scherenlange junge Triebe schneiden und in tiefe Töpfe mit lockerem Substrat stecken)

Material- und Werkzeugliste für die Anlage eines Blumenbeetes (S.24)

Jedes neue Gartenprojekt erfordert eine intensive Planung. Um dabei nicht den Überblick zu verlieren, ist eine Checkliste sehr hilfreich, die im nachfolgenden Beispiel zur Anlage eines Duftpflanzenbeetes dient. Diese Liste soll eine Anregung sein und lässt sich natürlich für jedes andere Projekt abwandeln und anwenden.

Checkliste

Baustoffe (Baumarkt, Baustoffhandlung)	vorhanden	bestellt	noch zu besorgen
Granitsteine für Beeteinfassung	☐	☐	☐

Pflanzen (Gartencenter, Baumarkt, eigene Ableger, selbst gesammelte Samen)	vorhanden	bestellt	noch zu besorgen
Duftrosen	☐	☐	☐
Kräuter z. B. Salbei, Lavendel	☐	☐	☐
Sommerblumensamen z. B. Duftsteinrich, Duftwicke, Kapuzinerkresse	☐	☐	☐
____________________ (Platz für eigene Wünsche)	☐	☐	☐

Substrat, Bodenverbesserungsmittel (eigener Garten, Gartencenter)	vorhanden	bestellt	noch zu besorgen
Kompost	☐	☐	☐
Hornspäne	☐	☐	☐

Geräte, Werkzeuge (Baumarkt, evtl. beim Nachbarn ausleihen)	vorhanden	bestellt	noch zu besorgen
Schubkarre	☐	☐	☐
Gartenschere	☐	☐	☐
Spaten	☐	☐	☐
Pflanzschaufel	☐	☐	☐
Gartenschlauch, Gießstab	☐	☐	☐
Handschuhe	☐	☐	☐

Stichwortverzeichnis

Bildnachweis

CMA, Bonn/Bad Godesberg: 8
Haarpaintner: 6, 7, 9, 10 (o.), 11–15, 18 (re.o.), 19 (li., M.o.), 20 (li.u.), 21, 22, 23 (o.), 24–28, 30–37, 39, 43, 44, 46, 47, 48, 49, 50 (li.), 51, 52 (M.), 53 (li.o., M.u.), 57, 58, 59 (re.o.), 60, 61, 62 (li.o.), 64–68
Peter Himmelhuber, Regensburg: 3, 4, 5, 17, 23 (u.), 29, 42, 45, 69–78
Firma Hoch: 50 (re.), 52 (li.), 53 (re.)
Petra Jarosch: 48, 55, 62 (re.)
Ned.Work, Düsseldorf: 10 (re.), 59
Wolfgang Seitz/edition Vasco: 56 (re.)
Wolf-Garten: 18 (li.u., re.u.), 19 (M.u., re.), 20 (re.o.), 20 (li.o.)
Die Abbildungen auf S. 38, 40 stammen aus: Neuer großer Pflanzenratgeber für Wohnung, Balkon und Terrasse, Compact Verlag